# 歩く江戸の旅人たち

## スポーツ史から見た「お伊勢参り」

谷釜尋徳

晃洋書房

# はじめに

近世の日本人にとって、日本列島は今よりも大きな存在でした。居住地域を越境することが稀な時代、彼らが思い描いた日本という「世界」は果てしないほどの広がりを持っていたに違いありません。交通や情報に関するインフラの未発達という時代的制約が、そのことを一層際立たせていました。

泰平の世の中が築かれたことも大いに影響し、近世には庶民の間に「旅」という行動が広まっていきます。とくに、庶民層が経済力を手にした近世後期になると、庶民が娯楽目的で長距離徒歩旅行をすることが全国的な規模で大流行しました。彼らが歩んだ道中には、そのあくなき好奇心を満たしてくれる様々な要素が散らばっていたため、行く先々での見聞はおろそかにはされませんでした。旅の道中の楽しみ方は、名所見物、寺社参詣、温泉入湯、名物の食べ歩き、夜の酒盛りや女郎遊びなど、バラエティに富んでいます。

近世後期の旅の目的地として最も賑わったのは、現在の三重県伊勢市にある伊勢神宮（正式名称は「神宮」）です。ほぼ六〇年周期で起ったお陰参りという現象が、庶民による伊勢参宮の流行に拍車をかけることにもなりました。お陰参りは全国から参詣のための群衆が伊勢へと押し寄せた社会現象で、大規模なものが慶安三（一六五〇）年、宝永二（一七〇五）年、明和八（一七七一）年、文政一三（一八三〇）年に起っています。このうち、最大規模だった文政一三（一八三〇）年のお陰参りで伊勢を訪れた人数は、伊勢宮川の舟番所改帳の写しによれば、三月晦日から六月二〇日までの間でおよそ四二七万人に達していたそうです（「御蔭参宮文政神異記　上」『大神宮叢書　第四』西濃印刷岐阜支店、一九三五）。当時の日本の総人口は約三〇〇〇万人、そのうち武士や公家、僧侶などを除いた庶民層の人口は約二六〇〇万人ですので、文政一三（一八三〇）年のお陰参りでは日本人の庶民の六人に一人が伊勢参宮を行なっていた計算になります。

封建制下に庶民が遠くまで旅をするには、関所の通行を願い出る関所手形と身許を保証する往来手形が必需品で、手形には旅の行先として各地の寺社の名前を記載するのが慣例でした。しかし、それは御利益に定評のある寺社への参詣を旅の目的としておけば、手形を発行する幕藩領主側の了解が得られやすかったからで、信仰心は旅に出るための隠れ蓑に使われた側面もあります。最も有効に活用されたのが、皇祖神（天照大神）と五穀豊穣の神（豊受大神）を祀る伊勢神宮への信仰でした。多くの場合、庶民は伊勢参りを名目上の旅の目的としておけば、幕藩領主に咎められることもなく旅することができたのです。

こうして、庶民は伊勢神宮をはじめご利益に定評のある寺社へとこぞって旅立ちました。江戸の国

学者 喜多村信節が、当時の旅の傾向として「神仏に参るは傍らにて、遊楽をむねとす。」（喜多村信節「嬉遊笑覧」『嬉遊笑覧（三）』岩波書店、二〇〇四）と記したように、多くの場合、信仰は口実で旅の真の目的は道中の異文化に触れて遊ぶことにあったといえるでしょう。

近世後期の庶民は、滅多にない旅の機会により多くの異文化に接触するために、目的地に対する往復路で異なる旅程を組み、目的地よりもさらに遠くへ足を延ばす傾向がみられました。文化七（一八一〇）年刊行の旅行案内書『旅行用心集』には「東国の人ハ伊勢より大和 京 大坂 四国 九州迄も名所旧跡 神社仏閣を見回り 西国の人は伊勢より江戸 鹿島 香取 日光 奥州松島 象潟 信州善光寺迄拝ミ回らんことを願ふなり」（八隅蘆庵『旅行用心集』須原屋茂兵衛伊八、一八一〇）と記されています。このようにして、近世庶民は信仰を後ろ盾にした日本周遊旅行を存分に楽しんでいたのです。

こうした庶民の大移動を支えていたのは、日本の伝統に根差した歩行文化でした。近世社会の人間の陸上交通は主に徒歩移動でしたので、遠隔地へ旅をする場合でも、旅人は在地〜目的地間の大半を歩いて移動しなければならなかったからです。ところが、従来の日本の旅行史研究では、旅を根幹で支える「歩行」という身体運動に関心が向けられることはありませんでした。

そこで本書では、従来の旅行史研究の蓄積にスポーツ史的な発想を取り込み、近世後期の庶民の旅と歩行の実際を様々な角度から明るみに出していきます。そこには、日本的なスポーツの原風景があります。日本人と歩行にまつわる魅力あふれる世界をお楽しみください。

# 目次

# 第1章 旅のルートと歩行距離

長距離を徒歩で移動した旅人は、どのくらいのペース配分で日々の道中を歩いていたのでしょうか。近世旅行史をスポーツ史の視点から分析しようとすると、こうした歩行能力の問題が浮かび上がってきます。

本章では、近世を通して庶民の間で流行した伊勢参宮の旅を中心に、旅人の歩行距離にまつわる傾向を明らかにしていきましょう。旅人の歩行距離を知るためには、郷里を出立してから帰着するまでの足取りがわかっていなければなりません。そこで、歩行距離の解明に向けて、旅人が歩いたルートについても探ります。さらに、人間の行為はそれが行われる環境とも密接に関わっていますので[1]、本章では特に旅人の歩行と自然環境との関連性にも立ち入っていきましょう。

従来、近世の旅人の歩行距離は、一日あたり一〇里（約三九㎞）というのが通説でした[2]。しかし、この歩行距離の値は、史料の詳細な分析を通して導き出されたわけではありません。改めて史料を読み込んで、かつての日本人の歩行能力を検証する必要があるのです。本章では、近世に行われた庶民の伊勢参宮の中でも、今に残された史料が比較的多く、なおかつ陸路の移動距離が長い東北地方を取り上げて考察します。基本史料とするのは、東北の庶民（男女）が伊勢参宮の道中で書き残した旅日記[3]です。

収集した旅日記の中から、通行した地名が詳述されている三九編を抽出しました（表1－1参照）。史料の地域別の内訳は、現在の福島県に該当する地域のものが一一編、山形県が一一編、宮城県が七編、岩手県が七編、秋田県が三編です。性別で分けると、男性の旅日記が三四編、女性の旅日記が五編です[4]。ほかにも、関東地方をはじめ他地域の庶民が書いた旅日記も、全体像を知るための史料として部分的に使用することにします。

## 1　伊勢参宮ルートの類型

東北地方の庶民が歩いた伊勢参宮ルートを類型化してみましょう。本章で取り上げる三九編の旅日記を読み込んでいくと、東北の人々が選んだルートは、近畿周回型、四国延長型、富士登山セット型の三つに分けることができそうです[5]。男女ともに概ねこの三つのいずれかを選択しています。

表1－1　本章で用いる東北地方の旅日記の基本情報

| No. | 表題 | 区分 | 年代 | 著者名 | 在地（現在の地名） | 出典 |
| --- | --- | --- | --- | --- | --- | --- |
| 1 | 伊勢参宮道中記 | 男 | 一七六八 | 中川清蔵 | 柏木目村（山形県高畠町） | 『高畠町史　中巻』高畠町、一九七六、六五二―六六〇 |
| 2 | 西国道中道法並名所泊宿附 | 男 | 一七七三 | 古市源蔵 | 宝坂村（福島県矢祭町宝坂） | 『矢祭町史研究（二）源蔵・郡蔵日記』矢祭町、一九七九、二五二―二七八 |
| 3 | 参宮道中記 | 男 | 一七七七 | 今井幸七 | 高屋村（山形県寒河江市） | 『寒河江市史編纂叢書　第二三集』寒河江市教育委員会、一九七七、七〇―一一四 |
| 4 | 西国道中記 | 男 | 一七八三 | 白石三次 | 上大越村（福島県田村市大越） | 『大越町史　第二巻　資料編Ⅰ』大越町、一九九八、九九三―一〇三六 |
| 5 | 伊勢参宮道中記 | 男 | 一七八六 | 大馬金蔵 | 泉崎村（福島県いわき市） | 『天明六年伊勢参宮道中記』いわき地域学会出版部、一九九三、五―八五 |
| 6 | 伊勢参宮所々名所並道法道中記 | 男 | 一七九四 | 阿部庄兵衛 | 佐沼町（宮城県登米市） | 『伊勢参宮所々名所並道法道中記』阿部彰晤、一九九二、一―一五五 |
| 7 | 道中記 | 男 | 一七九九 | 残間庄吉 | 大谷成田村（宮城県大郷町） | 『大郷町史　史料編　二』大郷町、一九八四、七九一―八〇八 |
| 8 | 遠州秋葉・伊勢参宮道中記 | 男 | 一八〇五 | 円学院万宥 | 中伊佐沢村（山形県長井市） | 『長井市史　第二巻（近世編）』長井市、一九八二、八七五―八九一 |
| 9 | 御伊勢参宮道中記 | 男 | 一八〇五 | 森居権左衛門 | 肝煎村（山形県庄内町） | 『立川町史資料　第五号』立川町、一九九三、 |

| 10 | 伊勢道中記 | 男 | 一八〇六 | 潤秀 | 長塚村（福島県双葉町） | 『近世史資料』双葉町教育委員会、一九八六、一四二―一五九 |
|---|---|---|---|---|---|---|
| 11 | 伊勢参宮道中記 | 男 | 一八一一 | 忠左エ門 | 生駒矢島藩（秋田県由利本庄市） | 『生駒藩史　讃岐出羽』矢島町公民館、一九七六、四三二―四五一 |
| 12 | 道中記 | 男 | 一八一四 | 安ヶ平某氏 | 日詰郡山（岩手県紫波町） | 『二戸史料叢書　第六集』二戸市教育委員会、二〇〇三、一〇三―一二九 |
| 13 | 道中日記 | 女 | 一八一七 | 三井清野 | 羽州鶴岡（山形県鶴岡市） | 『きよのさんと歩く江戸六百里』バジリコ、二〇〇六、三一六―三四〇 |
| 14 | 伊勢参宮西国道中記 | 男 | 一八一八 | 佐藤幸右衛門 | 菅谷村（福島県田村市滝根町） | 『滝根町古文書調査報告四』滝根町教育委員会、一九八六、三一―六四 |
| 15 | 伊勢参宮道中記 | 男 | 一八一八 | （著者不明） | 柳沢村（山形県西川町） | 『西川町史編集資料　第一一号』西川町教育委員会、一九八〇、四五―六二 |
| 16 | 伊勢参宮旅日記 | 男 | 一八二三 | 菊妓楼繁路 | 石巻（宮城県石巻市） | 『石巻の歴史　九巻　資料編三　近世編』石巻市、一九九〇、五二四―五五九 |
| 17 | 伊勢道中記 | 男 | 一八二六 | 藤四郎 | 清川口（山形県庄内町） | 『立川町史資料　第五号』立川町、一九九三、三―七一 |
| 18 | 伊勢参宮花能笠日記<br>伊勢拝宮還録 | 男 | 一八二八 | 渡辺安治 | 寒河江（山形県寒河江市） | 『寒河江市史編纂叢書　第二三集』寒河江市教育委員会、一九七七、一二二―一七〇 |

| | | | | | | |
|---|---|---|---|---|---|---|
| 19 | （表題不明） | 男 | 一八三〇 | 小林吉兵衛 | 利田村（福島県喜多方市） | 『会津高郷村史』高郷村、一九八一、三三七—四〇四 |
| 20 | 道中記 | 男 | 一八三〇 | 福士福弥 | 山田大沢（岩手県山田町） | 『お伊勢参り』宮古郷土史研究会、一九七二、一五九—一八四 |
| 21 | （表題不明） | 男 | 一八三一 | （著者不明） | 熊野村（山形県西川町） | 『西川町史編集資料　第一一号』西川町教育委員会、一九八〇、六二—八三 |
| 22 | 万字覚帳 | 男 | 一八三五 | 渡辺権十郎 | 大城村（宮城県多賀城市） | 『多賀城市史　第五巻　歴史史料（一）』多賀城市、一九八五、五八六—六〇五 |
| 23 | 道中日記 | 男 | 一八三六 | 黒沢佐助 | 米沢村（秋田県大仙町） | 『中仙町郷土史資料　第三集』中仙町郷土史編さん委員会、一九七四、二六六—二九二 |
| 24 | 伊勢参宮道中日記帳 | 男 | 一八四一 | 物江安右エ門 | 大谷村（福島県磐梯町） | 『会津高郷村史』高郷村、一九八一、三三七—四〇七 |
| 25 | 西国道中記 | 男 | 一八四一 | 角田藤左衛門 | 形見村（福島県石川町） | 『石川町史　下巻』石川町教育委員会、一九六八、一九三—二三八 |
| 26 | 伊勢参道中の日記 | 男 | 一八四四 | （著者不明） | 富谷新町（宮城県仙台市） | 『伊勢参宮　天保一五年辰年』富谷町古文書を読む会、二〇〇八、一五—一二四 |
| 27 | 道中記 | 男 | 一八四九 | 興助 | 沢内通大木原（岩手県西和賀町） | 『沢内村史資料　第一集』沢内村教育委員会、一九八六、四五六—四八三 |

| 28 | （表題不明） | 男 | 一八四九 | 森右衛門 | 丸森村（宮城県丸森町） | 『伊勢参宮仕候御事』古文書で柴田町史を読む会、二〇〇〇、二一―二九六 |
|---|---|---|---|---|---|---|
| 29 | （表題不明） | 男 | 一八四九 | （著者不明） | 柳沢村（山形県西川町） | 『西川町史編集資料　第一一号』西川町教育委員会、一九八〇、八三―一〇一 |
| 30 | 伊勢参宮道中記 | 男 | 一八五〇 | 大和屋 | 南山保城小屋（福島県南会津町） | 『日本庶民生活史料集成　二〇巻』三一書房、一九七二、四九七―五一九 |
| 31 | 道中記 | 女 | 一八五三 | 米屋和吉 | 黒沢尻新町（岩手県北上市） | 『北上市史　第一二巻　近世一〇』北上市史刊行会、一九八六、一三四一―一四三 |
| 32 | 伊勢道中記 | 男 | 一八五三 | 幸七 | 湯本村（宮城県仙台市） | 『秋保町史　資料編』秋保町、一九七五、三六六―三八四 |
| 33 | 西遊草 | 女 | 一八五五 | 斉藤元司 | 清川村（山形県庄内町清川） | 『西遊草』岩波書店、一九九三、一八―五三四 |
| 34 | 道中日記帳 | 男 | 一八五六 | 渡辺吉蔵 | 関本村（福島県南会津町） | 『田島町史　第四巻　民俗編』田島町、一九七七、八七五―九一五 |
| 35 | 道中記 | 男 | 一八五七 | 欠端某氏 | 福岡村（岩手県北上市） | 『二戸史料叢書　第六集』二戸市教育委員会、二〇〇三、一六七―二〇二 |
| 36 | 伊勢参宮并熊野三社廻り　金毘羅参詣　道中道法附 | 男 | 一八五九 | 福田福松 | 金田一村（岩手県二戸市） | 『二戸史料叢書　第六集』二戸市教育委員会、二〇〇三、二一九―二五二 |

| 37 | 道中日記 | 女 | 一八六〇 | 坂路河内頭 | 坂路村（福島県石川町） | 『石川町史　下巻』石川町教育委員会、一九六八、二四八―二五八 |
|---|---|---|---|---|---|---|
| 38 | 参宮道中諸用記 | 女 | 一八六二 | 今野於以登 | 本庄（秋田県由利本荘市） | 『本荘市史　史料編Ⅳ』本荘市、一九八八、六一〇―六四一 |
| 39 | 道中帳 | 男 | 一八六六 | 柴田栄太 | 鳥越村（岩手県一戸町） | 『二戸史料叢書　第六集』二戸市教育委員会、二〇〇三、二五三―三〇二 |

※本章で用いる史料番号は、表内の「No.」欄の番号に基づいています。

### 近畿周回型

近畿周回型に該当する旅日記は、史料1、3、10、11、13、15、30、31、37、39です。一事例として、『道中帳』（史料39）の旅の全行程を地図上に復元したものが図1－1です。(6) 在地から奥州道中に合流し、途中日光に参詣して江戸へ向かいます。そこから主に東海道と伊勢参宮道経由で伊勢参宮を果たした後は、熊野、高野山、奈良、大坂、京都などの近畿の名立たる観光地を周回するため、「近畿周回型」と称しました。

以降は、中山道を経て善光寺に至り、さらに新潟方面に進んで日本海沿岸を北上して東北に帰着するルートです。

### 四国延長型

四国延長型のルートを示す旅日記は多く、史料2、4〜9、12、14、16、17、19〜25、27〜29、32〜36、38がこれに該当します。図1－2は『伊勢参宮并熊野三社廻り金毘羅参詣道中道法附』（史料36）の全行程を地図上に示したものです。

在地出立後、近畿の観光地を周回するまでは近畿周回型とほぼ同様のルートを歩きますが、大坂からは船（金毘羅船）で瀬戸内海を移動し四国の丸亀まで足を延ばします。原則として四国を周遊することはなく、金毘羅神社への参詣後は直ちに船で中国地方（岡山）に上陸し、山陽道で京都付近まで戻った後は、再び近畿周回型と重なるようなルートで日本海側に出て北上して東北へ戻りました。

東北地方だけではなく、関東地方からの伊勢参宮でも、伊勢到着後に中国・四国地方まで足を延ばすケースは広く一般化していました[7]。

### 富士登山セット型

全体像としては近畿周回型か四国延長型のルートで旅をしますが、江戸から東海道経由で西に向かう途中、主要な幹線道路を一旦外れて富士山に登ることが特徴です。その後、再び沼津付近から東海道に合流して伊勢参宮を続けます。このルートに該当するのは史料2、10、20、28、32、37です。一事例として、『道中日記』（史料37）の全行程を図示しました（図1－3参照）。

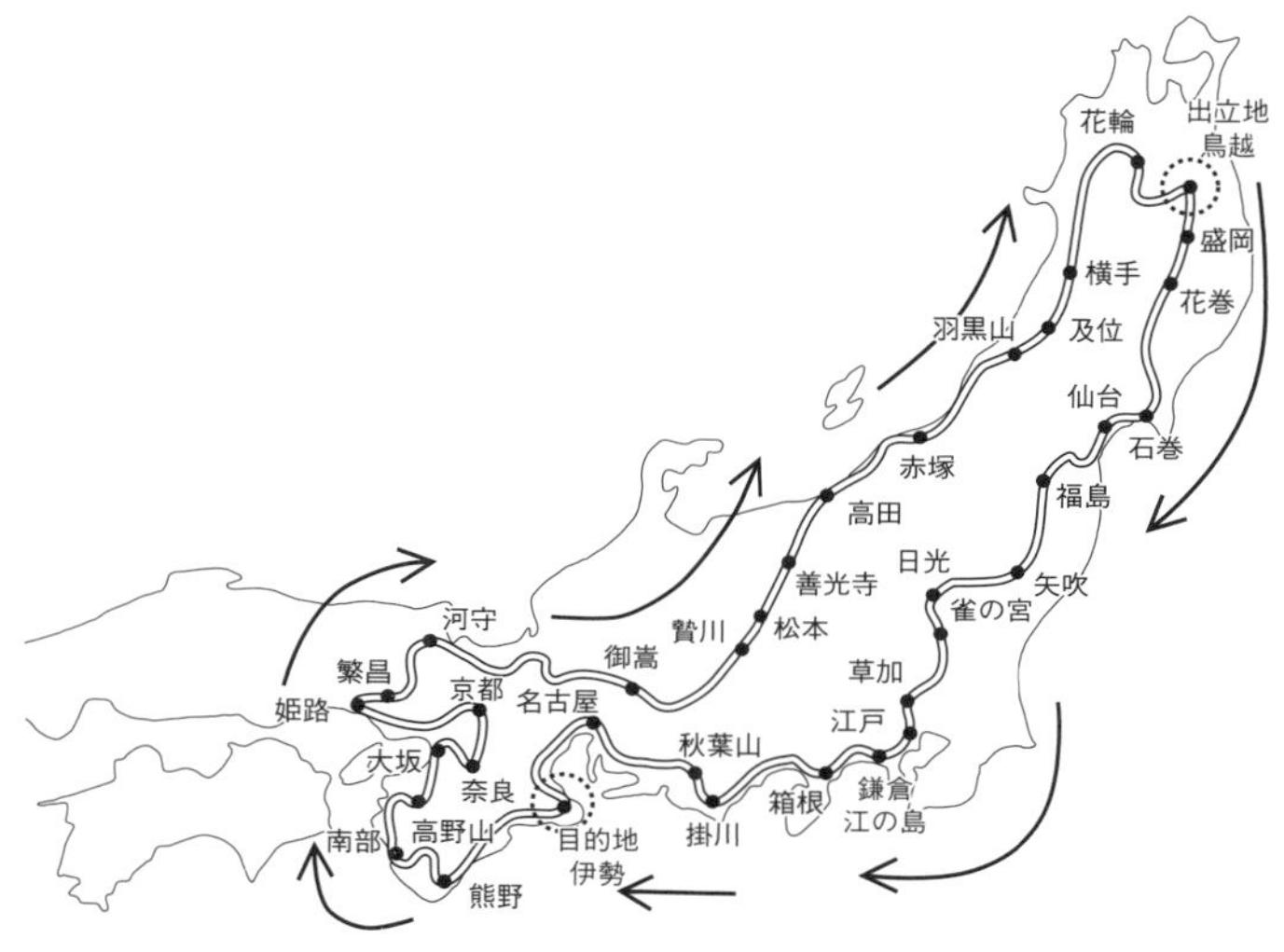


図１－１　近畿周回型のルートの一例

出典：柴田栄太「道中帳」(1866)『二戸史料叢書　第六集』二戸市教育委員会、2003、253-302より作成。

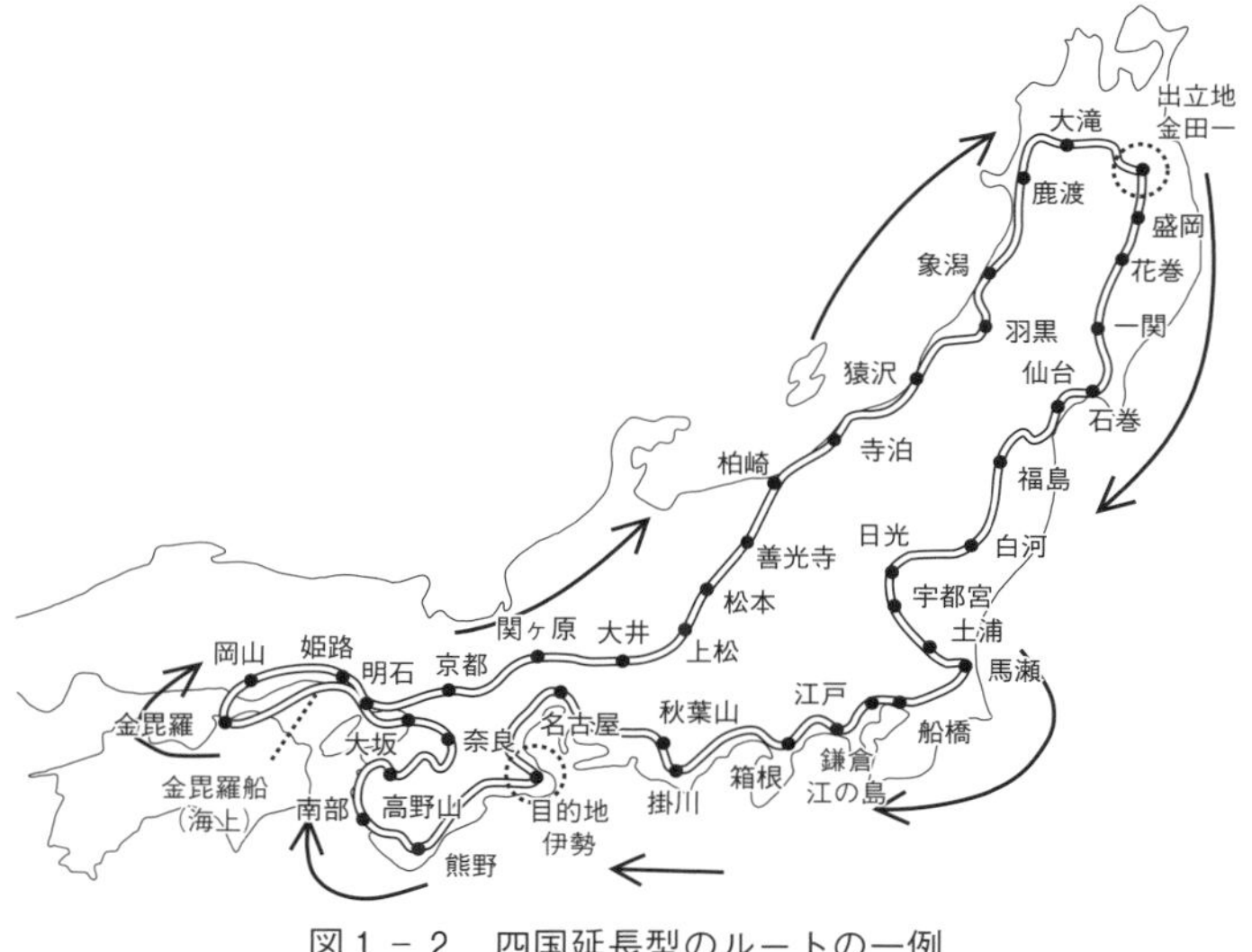


図１－２　四国延長型のルートの一例

出典：福田福松「伊勢参宮并熊野三社廻り金毘羅参詣道中道法附」(1859)『二戸史料叢書　第六集』二戸市教育委員会、2003、219-252より作成。

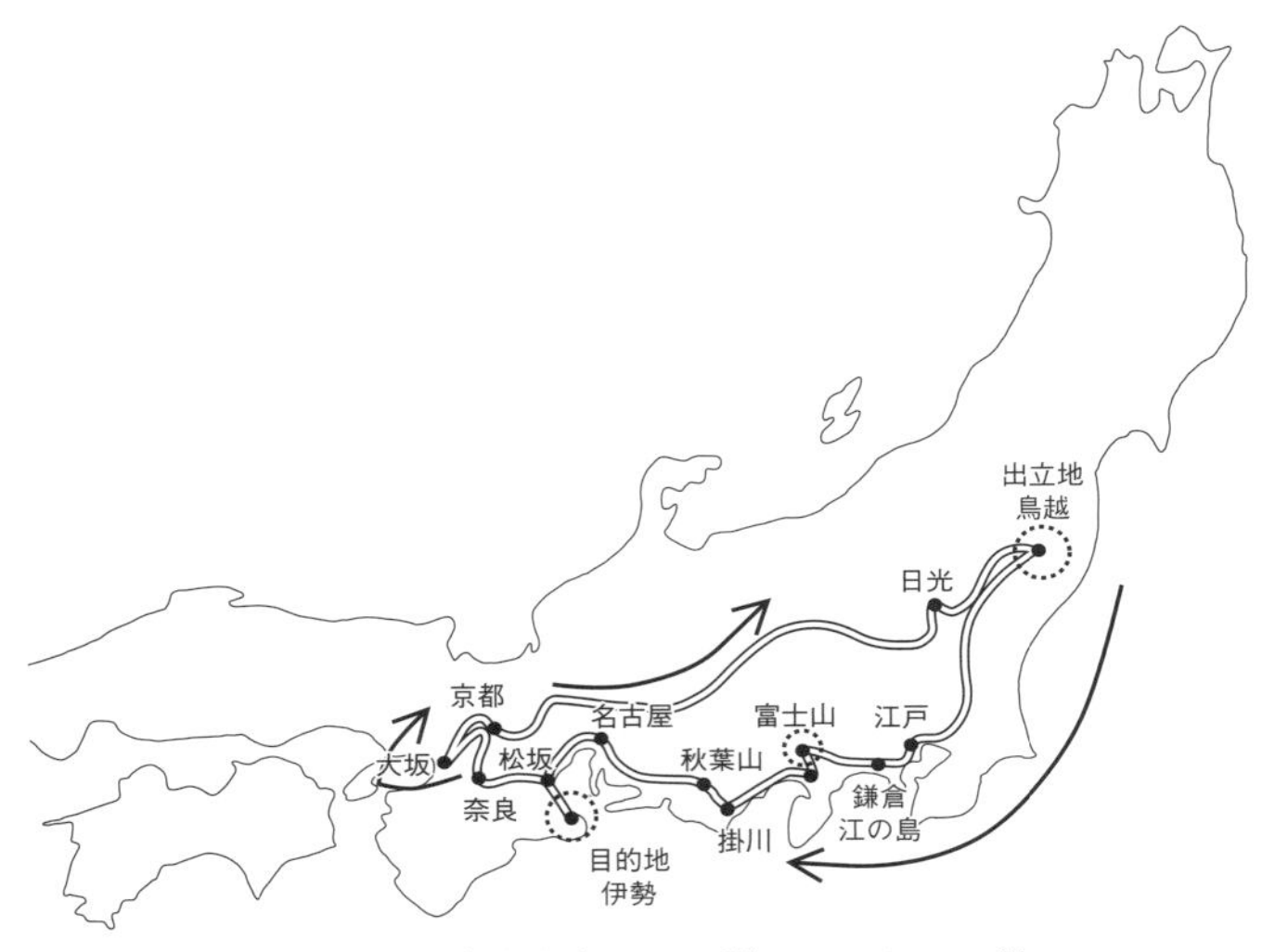


図１－３　富士登山セット型のルートの一例

出典：坂路河内頭「道中日記」(1860)『石川町史　下巻』石川町教育委員会、1968、248-258より作成。

近世を通して、江戸をはじめ関東地方からの富士登山が流行しましたが[8]、東北地方の旅日記の中に富士登山の形跡が散見されるということは、当時の東北にも富士信仰が普及していた事実を示しています。

ところで、ここで確認したどのルートも、東北～伊勢間の最短ルートを往復するものではなく、伊勢到着後はさらに西に足を延ばし、往復路で異なるルートを選択しています。居住空間を越境することが稀な近世社会にあって、庶民は滅多にない旅の機会により多くの異文化に触れて楽しもうとしたのではないでしょうか。当時の街道には、人々の好奇心を満たすあらゆる楽しみが散らばっていました。そう考えれば、旅人が気の遠くなるような長い距離を率先して歩いていたことにも説明がつきます。

## 2　伊勢参宮の旅の歩行距離

ここでは、先に明らかにしたルート上を、東北地方の旅人がどのようなペースで歩いたのかを歩行距離に着目して考察します。歩行距離の算出は次の方法で行いました。

本章で取り上げた三九編の旅日記の内容から、多くの旅人が実際に歩いた主要な街道を図1－4に整理しました(9)。旅人は図中のいずれかの街道を歩いて東北から伊勢まで辿り着き、さらにいずれかの街道を経由して東北まで歩いて帰着したのです。

街道筋の宿場の配置とその間隔（距離）の情報は、当時の旅行案内書から知ることができます。多くの旅日記には、毎日の記録として宿泊した宿場の名称が記されていますので、当日出立した宿場から宿泊した宿場までの距離を足していけば、一日あたりの歩行距離がわかってきます。

ただし、この方法で明らかにした歩行距離とは、図1－4に示したような主要な街道をひたすら歩いた場合の数値で、途中脇道にそれて名所や神社仏閣に立ち寄った分の距離は含まれていません。実際の旅人は、本章で算出される歩行距離よりも、さらに長い距離を歩いていたと理解すべきなのです。

なお、本書では、近世の距離単位をkm法で表記しますが、その際、一里＝三六町＝三・九km、一町

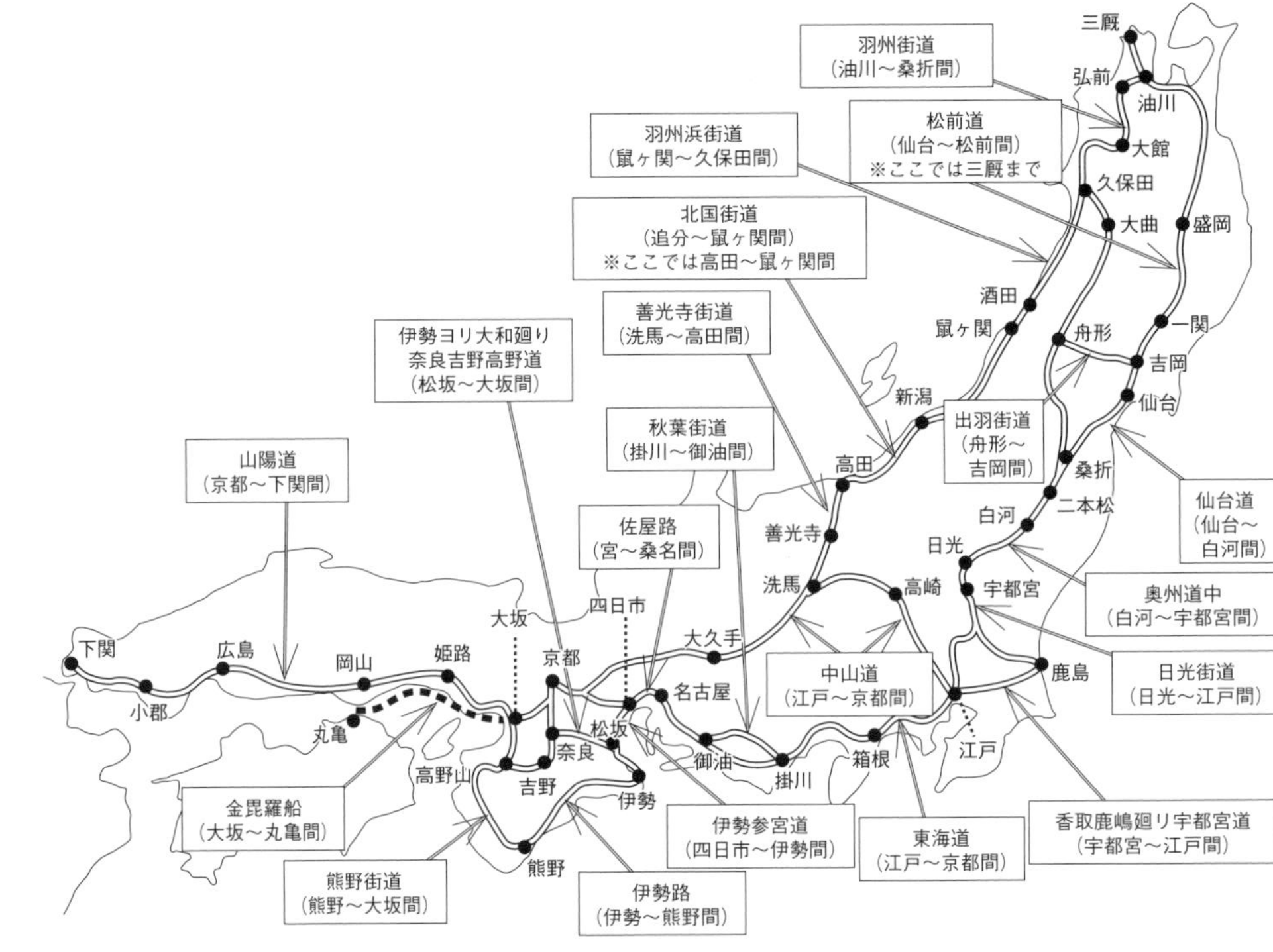


図１－４　東北地方の庶民が伊勢参宮の旅で歩いた街道

＝六〇間＝一〇九ｍで計算しています。

**歩行距離の平均値と総歩行距離**

**表1－2・表1－3**は、三九編の旅日記の分析結果より、在地出立から帰着までの総歩行距離、一日平均の歩行距離、一日に歩いた最長・最短の距離などを男女別に整理したものです。

前述の方法で計算したところ、東北地方の庶民（男女）による一日平均の歩行距離は約三四・一kmでした。これまで、近世の旅人の歩行距離は一日に一〇里（約三九km）と把握されてきましたが、平均的な歩行距離は通説よりも若干短かった可能性があります。平均値は必ずしも当時の実情を伝えるものではありませんが、一日の歩行距離が平均一〇里（三九km）に達している旅日記は、三九編中わずか一編（史料16）だけでした。

次に、歩行距離の男女差ですが、庶民男性の旅日記から導き出した歩行距離が一日平均約三四・九kmであるのに対して、庶民女性の方は約二八・六kmでした。そこには明確な差異を認めざるを得ません。これがそのまま歩行能力の男女差を示すものとは断言できませんが、長期間の旅にあたっては、女性の方が日々の歩行距離を抑制する傾向にあったといえるでしょう。

表中の「総歩行距離」の欄は、旅日記が示す総移動距離から徒歩で移動した分を通算したものです。多くの旅で全行程の総歩行距離が二〇〇〇kmをゆうに上回り、平均では約二三六一・三kmを移動

表１－２　東北地方の庶民男性による伊勢参宮の旅の歩行距離

| No. | 表題 | 年代 | 期間 | ルートの類型 | 日数 | | | | 歩行距離（km） | | | | 歩行距離別の日数（日） | | | | | | | |
|---|---|---|---|---|---|---|---|---|---|---|---|---|---|---|---|---|---|---|---|---|
| | | | | | 総日数 | 計測日数 | 逗留 | 距離不明 | 総距離 | 平均 | 最長 | 最短 | ～10km | 10km台 | 20km台 | 30km台 | 40km台 | 50km台 | 60km台 | 70km台 |
| 1 | 伊勢参宮道中記 | 1768 | 12. 17～2. 23 | 近 | 60 | 55 | 4 | 1 | 1892. 4 | 34. 4 | 54. 1 | 11. 6 | 0 | 5 | 12 | 22 | 11 | 5 | 0 | 0 |
| 2 | 西国道中道法並名所泊宿附 | 1773 | 5. 25～8. 20 | 四＋富 | 84 | 73 | 2 | 9 | 2691. 1 | 36. 9 | 69. 0 | 11. 7 | 0 | 10 | 11 | 21 | 19 | 10 | 2 | 0 |
| 3 | 参宮道中記 | 1777 | 11. 28～3. 3 | 近 | 95 | 86 | 8 | 1 | 2829. 0 | 32. 9 | 46. 4 | 7. 4 | 2 | 6 | 20 | 39 | 19 | 0 | 0 | 0 |
| 4 | 西国道中記 | 1783 | 2. 6～6. 27 | 四 | 142 | 100 | 5 | 37 | 3018. 7 | 30. 2 | 58. 6 | 7. 8 | 4 | 17 | 26 | 31 | 17 | 5 | 0 | 0 |
| 5 | 伊勢参宮道中記 | 1786 | 2. 4～6. 17 | 四 | 124 | 73 | 43 | 8 | 2173. 2 | 29. 8 | 63. 1 | 3. 9 | 4 | 10 | 20 | 26 | 10 | 2 | 1 | 0 |
| 6 | 伊勢参宮所々名所並道法道中記 | 1794 | 1. 16～4. 16 | 四 | 90 | 73 | 10 | 7 | 2439. 2 | 33. 4 | 56. 7 | 5. 8 | 3 | 7 | 15 | 28 | 17 | 3 | 0 | 0 |
| 7 | 道中記 | 1799 | 6. 27～9. 21 | 四 | 77 | 67 | 7 | 3 | 2285. 8 | 34. 1 | 53. 1 | 7. 6 | 1 | 6 | 13 | 26 | 18 | 3 | 0 | 0 |
| 8 | 遠州秋葉・伊勢参宮道中記 | 1805 | 11. 11～1. 11 | 四 | 60 | 54 | 4 | 2 | 1898. 5 | 35. 2 | 58. 1 | 7. 8 | 2 | 6 | 4 | 24 | 13 | 5 | 0 | 0 |
| 9 | 御伊勢参宮道中記 | 1805 | 1. 10～3. 18 | 四 | 67 | 52 | 13 | 2 | 1837. 4 | 35. 3 | 60. 6 | 11. 7 | 0 | 9 | 8 | 18 | 10 | 6 | 1 | 0 |
| 10 | 伊勢道中記 | 1806 | 6. 13～7. 27 | 近＋富 | 44 | 40 | 4 | 0 | 1307. 6 | 32. 7 | 52. 6 | 11. 7 | 0 | 3 | 11 | 21 | 3 | 2 | 0 | 0 |
| 11 | 伊勢参宮道中記 | 1811 | 閏2. 20～5. 15 | 近 | 84 | 66 | 14 | 4 | 2105. 8 | 31. 9 | 51. 5 | 7. 8 | 2 | 4 | 21 | 23 | 13 | 3 | 0 | 0 |
| 12 | 道中記 | 1814 | | 四 | 86 | 80 | 4 | 2 | 2773. 9 | 34. 7 | 59. 7 | 6. 3 | 1 | 7 | 19 | 26 | 19 | 8 | 0 | 0 |
| 14 | 伊勢参宮西国道中記 | 1818 | 10. 21～1. 25 | 四 | 93 | 84 | 2 | 7 | 3014. 3 | 35. 9 | 67. 9 | 9. 7 | 1 | 5 | 13 | 37 | 23 | 4 | 1 | 0 |
| 15 | 伊勢参宮道中記 | 1818 | 12. 2～2. 2 | 近 | 62 | 54 | 7 | 1 | 2074. 0 | 38. 4 | 56. 9 | 11. 7 | 0 | 2 | 5 | 20 | 21 | 6 | 0 | 0 |
| 16 | 伊勢参宮旅日記 | 1823 | 1. 6～4. 3 | 四 | 86 | 68 | 11 | 7 | 2939. 6 | 43. 2 | 74. 5 | 19. 3 | 0 | 6 | 9 | 19 | 27 | 6 | 0 | 1 |
| 17 | 伊勢道中記 | 1826 | 1. 14～4. 15 | 四 | 92 | 79 | 8 | 5 | 2944. 3 | 37. 3 | 58. 5 | 5. 3 | 3 | 3 | 13 | 20 | 27 | 13 | 0 | 0 |
| 18 | 伊勢参宮花能笠日記／伊勢拝宮還録 | 1828 | 1. 18～5. 14 | その他 | 115 | 70 | 10 | 35 | 2582. 3 | 36. 9 | 58. 0 | 7. 8 | 1 | 6 | 13 | 17 | 24 | 9 | 0 | 0 |

| | | | | | | | | | | | | | | | | | | | | | | |
|---|---|---|---|---|---|---|---|---|---|---|---|---|---|---|---|---|---|---|---|---|---|---|
| 19 | (表題不明) | 1830 | 1. 9～閏3. 8 | 四 | 86 | 78 | 7 | 1 | 2583. 2 | 33. 1 | 61. 8 | 6. 0 | 4 | 7 | 16 | 30 | 20 | 0 | 1 | 0 |
| 20 | 道中記 | 1830 | 3. 15～7. 15 | 四＋富 | 110 | 57 | 20 | 33 | 2127. 1 | 37. 3 | 61. 2 | 11. 6 | 0 | 6 | 6 | 22 | 17 | 3 | 3 | 0 |
| 21 | (表題不明) | 1831 | | 四 | 66 | 56 | 8 | 2 | 1996. 6 | 35. 7 | 65. 5 | 11. 7 | 0 | 7 | 11 | 20 | 14 | 2 | 2 | 0 |
| 22 | 万字覚帳 | 1835 | 2. 5～5. 2 | 四 | 75 | 65 | 4 | 6 | 2139. 9 | 32. 9 | 53. 6 | 7. 8 | 3 | 4 | 11 | 32 | 13 | 2 | 0 | 0 |
| 23 | 道中日記 | 1836 | 1. 26～4. 29 | 四 | 90 | 75 | 14 | 1 | 2737. 4 | 36. 0 | 71. 9 | 11. 2 | 0 | 7 | 10 | 28 | 22 | 5 | 2 | 1 |
| 24 | 伊勢参宮道中日記帳 | 1841 | 1. 5～3. 10 | 四 | 96 | 74 | 17 | 5 | 2424. 1 | 32. 8 | 58. 9 | 7. 8 | 2 | 9 | 18 | 24 | 15 | 6 | 0 | 0 |
| 25 | 西国道中記 | 1841 | 12. 11～2. 8 | 四 | 85 | 73 | 9 | 3 | 2717. 1 | 37. 2 | 67. 5 | 9. 7 | 1 | 3 | 10 | 33 | 19 | 6 | 1 | 0 |
| 26 | 伊勢参道中の日記 | 1844 | 2. 11～6. 3 | その他 | 106 | 57 | 38 | 11 | 1854. 0 | 32. 5 | 66. 1 | 3. 9 | 3 | 10 | 11 | 12 | 17 | 3 | 1 | 0 |
| 27 | 道中記 | 1849 | 1. 26～4. 29 | 四 | 79 | 74 | 2 | 3 | 2594. 4 | 35. 1 | 56. 7 | 7. 8 | 2 | 5 | 11 | 35 | 18 | 3 | 0 | 0 |
| 28 | (表題不明) | 1849 | 6. 27～10. 3 | 四＋富 | 95 | 74 | 14 | 6 | 2740. 0 | 36. 2 | 75. 0 | 4. 9 | 1 | 8 | 15 | 25 | 15 | 7 | 1 | 1 |
| 29 | (表題不明) | 1849 | 10. 15～1. 9 | 四 | 83 | 69 | 8 | 6 | 2413. 7 | 35. 0 | 63. 1 | 15. 5 | 0 | 2 | 18 | 27 | 17 | 4 | 1 | 0 |
| 30 | 伊勢参宮道中記 | 1850 | 1. 9～3. 17 | 近 | 63 | 59 | 4 | 0 | 1890. 5 | 32. 0 | 52. 3 | 10. 5 | 0 | 12 | 11 | 27 | 8 | 1 | 0 | 0 |
| 32 | 伊勢道中記 | 1853 | 5. 24～8. 9 | 四＋富 | 75 | 64 | 6 | 5 | 2423. 2 | 37. 9 | 56. 5 | 11. 7 | 0 | 5 | 12 | 16 | 24 | 7 | 0 | 0 |
| 34 | 道中日記帳 | 1856 | 2. 1～4. 17 | 四 | 73 | 49 | 12 | 12 | 1661. 4 | 33. 9 | 54. 8 | 2. 1 | 3 | 6 | 7 | 15 | 13 | 5 | 0 | 0 |
| 35 | 道中記 | 1857 | 1. 25～5. 15 | 四 | 109 | 90 | 8 | 11 | 3174. 8 | 35. 3 | 74. 3 | 6. 1 | 1 | 8 | 20 | 30 | 25 | 3 | 2 | 1 |
| 36 | 伊勢参宮并熊野三社廻り 金毘羅参詣　道中道法附 | 1859 | 2. 9～5. 29 | 四 | 104 | 82 | 9 | 13 | 2861. 2 | 34. 9 | 70. 8 | 9. 2 | 1 | 6 | 21 | 33 | 13 | 6 | 1 | 1 |
| 39 | 道中帳 | 1866 | 1. 7～4. 16 | 近 | 96 | 92 | 3 | 1 | 3169. 7 | 34. 4 | 54. 2 | 7. 8 | 3 | 9 | 16 | 33 | 29 | 2 | 0 | 0 |

※「ルートの類型」の記号：近→近畿周回型／四→四国延長型／富→富士登山セット型

表1－3　東北地方の庶民女性による伊勢参宮の旅の歩行距離

| No. | 表題 | 年代 | 期間 | ルートの類型 | 日数 | | | | 歩行距離（km） | | | | 歩行距離別の日数（日） | | | | | | | |
|---|---|---|---|---|---|---|---|---|---|---|---|---|---|---|---|---|---|---|---|---|
| | | | | | 総日数 | 計測日数 | 逗留 | 距離不明 | 総距離 | 平均 | 最長 | 最短 | ～10km | 10km台 | 20km台 | 30km台 | 40km台 | 50km台 | 60km台 | 70km台 |
| 13 | 道中日記 | 1817 | 3.23～7.11 | 近 | 108 | 54 | 42 | 12 | 1584.5 | 29.3 | 56.5 | 7.8 | 3 | 10 | 14 | 18 | 8 | 1 | 0 | 0 |
| 31 | 道中記 | 1853 | 3.26～6.30 | 近 | 94 | 60 | 16 | 18 | 1803.6 | 30.0 | 53.5 | 7.8 | 1 | 14 | 12 | 27 | 4 | 2 | 0 | 0 |
| 33 | 西遊草 | 1855 | 3.19～9.10 | 四 | 172 | 61 | 79 | 32 | 1812.3 | 29.7 | 55.9 | 6.0 | 5 | 11 | 16 | 16 | 10 | 3 | 0 | 0 |
| 37 | 道中日記 | 1860 | 7.6～9.27 | 近＋富 | 65 | 57 | 4 | 4 | 1633.5 | 28.7 | 59.7 | 7.8 | 2 | 12 | 15 | 21 | 4 | 3 | 0 | 0 |
| 38 | 参宮道中諸用記 | 1862 | 8.22～12.24 | 四 | 147 | 116 | 27 | 4 | 2942.6 | 25.4 | 53.5 | 7.1 | 2 | 31 | 56 | 22 | 2 | 3 | 0 | 0 |

※「ルートの類型」の記号：近→近畿周回型／四→四国延長型／富→富士登山セット型

した計算になります。驚くべき健脚です。なお、最も長い距離を歩いているのは、『道中記』（史料35）の約三一七四・八kmでした。前述したように、ここで算出された歩行距離とは、旅人が歩いたミニマムの値です。実際にはもっと長い距離を歩いていたであろうことを、今一度確かめておきましょう。

## 距離別にみた歩行距離の割合

表1－2・表1－3の「歩行距離別の日数」の欄は、毎日の歩行距離を一〇km単位で区切り、各々の距離の範囲に該当する日数を記載したものです。三九編の旅日記を総合して、距離別にみた歩行距

表１－４　距離別にみた歩行距離の割合　（単位：％）

| | ～10km | 10km台 | 20km台 | 30km台 | 40km台 | 50km台 | 60km台 | 70km台 |
|---|---|---|---|---|---|---|---|---|
| 男性 | 2.0 | 9.6 | 19.4 | 36.4 | 25.0 | 6.6 | 0.8 | 0.2 |
| 女性 | 3.7 | 22.4 | 32.4 | 30.0 | 8.0 | 3.4 | 0 | 0 |
| 全体（男女） | 2.3 | 11.2 | 21.0 | 35.6 | 22.8 | 6.2 | 0.7 | 0.2 |

離の割合を整理すると、表１－４のようになります。

全体としてみれば、一日あたりの歩行距離の割合は、平均値に近い二〇～四〇km台に集中しているものの、少ない日には一桁～一〇km台の場合もある一方で、多い日には六〇～七〇km台に達していたことがわかります。これが「一日一〇里」という通説だけでは知り得ない旅の実情です。

男性の日ごとの歩行距離が二〇～四〇km台に分布している一方、女性の歩行距離は平均値を反映するかのように一〇～三〇km台に集まっています。また、女性が六〇km以上の距離を歩いていないところからも、歩行能力の男女差を確認することができるでしょう。

## 歩行距離の限界

近世の東北地方の旅人にとって、一日に歩く距離はどの辺りが限界だったのでしょうか。

対象とした旅日記のうち、一日に最も長い距離を歩いた庶民男性は、嘉永二（一八四九）年に丸森村（宮城県丸森町）から旅をした森右衛門です（史料28）。この旅は、「四国延長型」と「富士登山セット型」を併せたルートを通行していますが、大坂〜二子村間で七五・〇㎞もの距離を歩いた形跡が確かめられます[10]。本章で取り上げた旅日記のうち、最長歩行距離が七〇㎞に達しているものが五編（史料16、23、28、35、36）あります。一日に七〇㎞を歩き通すことは、当時としては不可能な数値ではなかったことになります。

一方、東北の庶民女性で一日の最長歩行距離を示しているのは、万延元（一八六〇）年の『道中日記』（史料37）の旅で、岡の谷〜下諏訪間の約五九・七㎞です。本章で扱う女性の旅日記（史料13、31、33、37、38）では、いずれも最長歩行距離が五〇㎞台に落ち着いています。女性の歩行距離の限界は、一日に五〇㎞台だったと考えてよいでしょう。

ここで、興味深い史料を紹介します。漆原村（福島県西会津町）の須藤万次郎は、元治二（一八六五）年に伊勢参宮をした際に『伊勢詣同行定』という同行者間の取り決めを書き残しました。そこには、項目の一つとして、日々の道中の歩行距離は一〇里（約三九㎞）を目安とし、それが一二里（約四六・八㎞）ないしは一三里（約五〇・七㎞）にまでおよびそうな場合は、同行者間での相談が必須だと記されています[11]。

表1－4をみると、一日に六〇〜七〇㎞台を歩いた旅人の割合を足しても、全体のわずか一％弱に過ぎず、女性に至っては六〇㎞を超える距離を歩いた形跡そのものがみられません。東北の旅人にとって、一日に六〇㎞以上もの距離を歩くということは、長期間におよぶ道中で極めて稀なケースだったのです。このことから推察するに、旅人にとっての無理のない歩行距離の上限とは、須藤万次

表１－５　東北地方の旅の同行者数と歩行距離との関係

| No. | 表題（年代） | 同行者数 | 歩行距離(km)／日 | | |
|---|---|---|---|---|---|
| | | | 平均 | 最長 | 最短 |
| 1 | 伊勢参宮道中記（1768） | 10 | 34.4 | 54.1 | 11.6 |
| 2 | 西国道中道法並名所泊宿附（1773） | 34 | 36.9 | 69.0 | 11.7 |
| 4 | 西国道中記（1783） | 4 | 30.2 | 58.6 | 7.8 |
| 5 | 伊勢参宮道中記（1786） | 5 | 29.8 | 63.1 | 3.9 |
| 11 | 伊勢参宮道中記（1811） | 22 | 31.9 | 51.5 | 7.8 |
| 14 | 伊勢参宮西国道中記（1818） | 11 | 35.9 | 67.9 | 9.7 |
| 17 | 伊勢道中記（1826） | 6 | 37.3 | 58.5 | 5.3 |
| 18 | 伊勢参宮花能笠日記伊勢拝宮還録（1828） | 4 | 36.9 | 58.0 | 7.8 |
| 19 | 不明（1830） | 9 | 33.1 | 61.8 | 6.0 |
| 20 | 道中記（1830） | 10 | 37.3 | 61.2 | 11.6 |
| 22 | 万字覚帳（1835） | 12 | 32.9 | 53.6 | 7.8 |
| 23 | 道中日記（1836） | 6 | 36.0 | 71.9 | 11.2 |
| 24 | 伊勢参宮道中日記帳（1841） | 9 | 32.8 | 58.9 | 7.8 |
| 25 | 西国道中記（1841） | 12 | 37.2 | 67.5 | 9.7 |
| 26 | 伊勢参道中の日記（1844） | 8 | 32.5 | 66.1 | 3.9 |
| 28 | 不明（1849） | 7 | 36.2 | 75.0 | 4.9 |
| 29 | 不明（1849） | 13 | 35.0 | 63.1 | 15.5 |
| 30 | 伊勢参宮道中記（1850） | 11 | 32.0 | 52.3 | 10.5 |
| 32 | 伊勢道中記（1853） | 21 | 37.9 | 56.5 | 11.7 |
| 34 | 道中日記帳（1856） | 20 | 33.9 | 54.8 | 2.1 |
| 36 | 伊勢参宮并熊野三社廻り金毘羅参詣道中道（1859） | 4 | 34.9 | 70.8 | 9.2 |
| 37 | 道中日記（1860） | 2 | 28.7 | 59.7 | 7.8 |

郎の取り決めが示すように五〇km程度のところに求めることができるでしょう。

**同行者数と歩行距離との関係**

第5章で詳しく述べますが、近世の庶民が伊勢参宮をする場合、伊勢講を組織して集団で旅立つケースが多く見られました。旅日記の中から、同行者数が判明している二二編の情報を抜き出して整理したものが**表1－5**です。同行者数は最少で二人（史料37）、最多で三四人（史料2）ですが、二二編を平均すると一つの集団につき約一〇・

九人が連れ立って歩いていた計算になります。それでは、旅の同行者数は道中の歩行距離にどのような影響をおよぼしたのでしょうか。旅の集団が大規模になるほど動きが鈍くなり、歩行の進度が停滞したのではないかと考えることもできます。

ところが、**表1－5**より旅日記が示す同行者数と歩行距離とを比べてみると、そこには明らかな相関関係は見られません。本章で取り上げた旅では、同行者数が日々の歩行距離を大きく左右することはなかったといえます。当時の旅人の集団が、秩序だって歩いていた様子が目に浮かびます。

### 同行者の年齢構成と歩行距離との関係

旅の同行者の年齢構成は歩行距離にどのように影響したのでしょうか。このことを知るために、同行者のプロフィールと歩行距離が判明している五編の旅日記を基に**表1－6**を作成しました。最年少は一八歳（史料25、34）、最年長は五六歳（史料34）と、かなりの幅があります。同行者のメンバーの中には一〇～五〇代の男性が含まれていますが、その年齢構成によって歩行距離が増減している様子は確かめられません。例えば、平均年齢が最も若いのは史料2（平均二七・三歳）ですが、この旅の歩行距離は他の四つの史料と比べて目立った数値ではないのです。近世の東北の庶民は同行者の年齢構成に関わらず、道中で一定の距離を歩いていたといえるでしょう。

だからといって、同行者間でお互いの配慮が全くなかったわけではありません。角掛村（岩手県奥

表1－6　同行者の年齢構成と歩行距離との関係

| No. | | 2 | 24 | 25 | 29 | 34 |
|---|---|---|---|---|---|---|
| 表題 | | 西国道中道法<br>並名所泊宿附 | 伊勢参宮道中日記帳 | 西国道中記 | 不明 | 道中日記帳 |
| 年代 | | 1773年 | 1841年 | 1841年 | 1849年 | 1856年 |
| 歩行距離 | 平均 | 36.9km | 32.8km | 37.2km | 35.0km | 33.9km |
| | 最長 | 69.0km | 58.9km | 67.5km | 63.1km | 54.8km |
| | 最短 | 11.7km | 7.8km | 9.7km | 15.5km | 2.1km |
| 同行者数 | | 34人 | 9人 | 12人 | 13人 | 20人 |
| 年齢構成 | 10代 | 0人 | 0人 | 1人 | 0人 | 1人 |
| | 20代 | 6人 | 3人 | 6人 | 3人 | 3人 |
| | 30代 | 1人 | 4人 | 3人 | 7人 | 2人 |
| | 40代 | 0人 | 1人 | 0人 | 3人 | 0人 |
| | 50代 | 0人 | 1人 | 2人 | 0人 | 5人 |
| | 不明 | 27人 | 0人 | 0人 | 0人 | 9人 |
| 平均年齢 | | 27.3歳 | 35.2歳 | 30.9歳 | 34.4歳 | 39.0歳 |
| 最年長 | | 38歳 | 54歳 | 54歳 | 41歳 | 56歳 |
| 最年少 | | 22歳 | 21歳 | 18歳 | 23歳 | 18歳 |
| 同行者名簿（年齢） | | 古市源蔵（29）<br>陣野林七（25）<br>陣野庄五郎（22）<br>金沢与七（24）<br>片野惣助（28）<br>手元幸七（25） | 折笠伝左エ門（36）<br>折笠米松（28）<br>鈴木徳右エ門（27）<br>五十嵐藤蔵（21）<br>神田八右エ門（43）<br>神田孫右エ門（38） | 角田伝助（28）<br>角田庄吉（18）<br>角田恒重（21）<br>角田長蔵（21）<br>角田藤左衛門（26）<br>有賀佐重（32） | 兵蔵（31）<br>長次郎（41）<br>与惣吉（33）<br>与助（38）<br>佐太郎（33）<br>市松（36） | 星柳山（56）<br>星久吾（51）<br>星豊治（30）<br>奈良屋長右衛門（53）<br>奈良屋定兵衛（29）<br>京屋金八（18） |

| | | | | | |
|---|---|---|---|---|---|
| | 谷地長十（38） | 斎藤善蔵（31） | 本郷彦之丞（31） | 善之丞（39） | 京屋治兵衛（36） |
| | | 斎藤半左エ門（39） | 遠藤恒八（29） | 福太郎（41） | 伊勢屋半兵衛（53） |
| | | 物江安右エ門（54） | 鈴木善右衛門（51） | 佐門（29） | 室井重左衛門（50） |
| | | | 藤田利平（32） | 三次（23） | 渡部吉右衛門（28） |
| | | | 金沢庄之助（28） | 利兵衛（41） | 渡部吉蔵（25） |
| | | | 白石八十八（54） | 源之丞（33） | 奈良屋幸七（？） |
| | | | | 忠吉（29） | 松下屋清助（？） |
| | | | | | 東子屋善兵衛（？） |
| | | | | | 三ツ田屋留四郎（？） |
| | | | | | 細井善四郎（？） |
| | | | | | 染屋孫右衛門（？） |
| | | | | | 細井徳右衛門（？） |
| | | | | | 細井おきし（？） |
| | | | | | 細井おくま（？） |

州市）の久松が嘉永三（一八五〇）年の伊勢参宮時に書き留めた『伊勢参宮道中記』には、同行者間での取り決めが添え書きされていますが、その一項目として「足よわキ人ニ用しゃ有べし」[12]と示されています。また、文政六（一八二三）年に石巻から伊勢へ旅した菊妓楼繁路も、出立にあたって書いた『参宮の旅人十三ヵ条心得事』の中で「足のよはき人に荷物をようしや有べし」[13]と定めています。東北の旅人は、移動手段である「脚」に不安を持つ同行者に配慮（「容赦」）しながら毎日の道中を歩いていた可能性もあるわけです。

表1－7　山家村の農民男性の平均余命（1760～1870年）

（単位：歳）

| 年齢 | 平均余命 | 到達年齢 | 年齢 | 平均余命 | 到達年齢 |
|---|---|---|---|---|---|
| 0 | 36. 8 | 36. 8 | 45 | 21. 2 | 66. 2 |
| 1 | 46. 8 | 47. 8 | 50 | 17. 6 | 67. 6 |
| 5 | 49. 3 | 54. 3 | 55 | 14. 8 | 54. 3 |
| 10 | 47. 8 | 57. 8 | 60 | 12. 0 | 72. 0 |
| 15 | 43. 8 | 58. 8 | 65 | 9. 6 | 74. 6 |
| 20 | 40. 1 | 60. 1 | 70 | 7. 2 | 77. 2 |
| 25 | 36. 4 | 61. 4 | 75 | 6. 3 | 81. 3 |
| 30 | 33. 1 | 63. 1 | 80 | 4. 9 | 84. 9 |
| 35 | 29. 4 | 64. 4 | 85～ | 3. 5 | 88. 5～ |
| 40 | 25. 1 | 65. 1 | | | |

出典：木下太志『近代化以前の日本の人口と家族』ミネルヴァ書房、2002、p. 102より作成。

ところで、同行者の構成メンバーの高年齢層は五〇代でしたが、この年齢層は近世社会の一般的な感覚では年寄りだったのでしょうか。それとも、若手の部類だったのでしょうか。歴史人口学の分野では、近世日本の一般的な出生時平均余命（平均寿命）は、一七世紀には二〇代後半から三〇代前半、一八世紀には三〇代半ば、一九世紀になっても三〇代後半の水準にとどまっていたとされています[14]。これによると、五〇代男性は平均寿命を遥かに上回る稀有な長老だったことになります。しかしながら、この数値は近世社会の農村で子どもの死亡率、特に五歳以下の乳幼児死亡率がきわめて高かったことに起因しています[15]。実は、当時の平均余命は死亡率の高い年齢層を無事に乗り切ると比較的長くなる傾向にありました。これを東北地方の一農村を事例として見てみましょう。

表1－7は宝暦一〇（一七六〇）年から明治三（一八七〇）年の期間で、出羽国村山郡山家村（山形県天童市）に

暮らした農民男性の平均余命を年齢層ごとに整理したものです。乳幼児死亡率の高い時代の平均余命は、出生時（〇歳時）こそ三〇代に止まっているものの、五歳程度を過ぎれば五〇代に到達し、さらには七〇〜八〇代まで存命する長寿者も確かに存在していました。だからといって、乳幼児期を乗り切れば、必ずしも五〇代までの生存が約束されていたわけではありません。

この村落では、五歳まで生き延びるのは出生者全体の三分の二程度で、さらに四〇歳時点では生存者は当初の半分まで減少し、晴れて六〇歳の還暦を迎えるのは三分の一で、七〇歳に到達するのは当初のわずか二割だったといいます(16)。

したがって、旅の同行者に含まれていた五〇代男性とは、ある程度の自然淘汰をくぐり抜けた体力面で選りすぐりの人々で、なおかつ五〇代になっても連日の長距離歩行に耐え得る健康体を維持していた人々だったと考えることができるでしょう。

## 宿場の配置と歩行距離との関係

東海道には、始発の江戸日本橋から終点の京都三条大橋までの間に平均して約九㎞の間隔で宿場が設置されていました。しかし、宿場間の距離は均等だったわけではありません（表1－8参照）。下野毛村（東京都世田谷区）から伊勢参宮をした原源次郎は、小田原宿に宿泊した正月四日に「此間旅宿なし、はや泊り(17)」と書いています。この記述は、次の宿場（箱根宿）までの距離が東海道の中で最も

表1－8　東海道の宿場間の距離

| 宿場間 | 間隔（km） | 宿場間 | 間隔（km） | 宿場間 | 間隔（km） |
|---|---|---|---|---|---|
| 江戸～品川 | 7.9 | ～府中 | 10.6 | ～藤川 | 8.8 |
| ～川崎 | 9.8 | ～鞠子 | 5.7 | ～岡崎 | 6.7 |
| ～神奈川 | 9.8 | ～岡部 | 7.9 | ～池鯉鮒 | 15.0 |
| ～程ヶ谷 | 4.9 | ～藤枝 | 6.8 | ～鳴海 | 11.1 |
| ～戸塚 | 8.8 | ～嶋田 | 8.7 | ～宮 | 6.5 |
| ～藤沢 | 7.9 | ～金谷 | 3.9 | ～桑名 | 27.5 |
| ～平塚 | 13.7 | ～日坂 | 6.5 | ～四日市 | 12.7 |
| ～大磯 | 2.9 | ～掛川 | 7.1 | ～石薬師 | 10.8 |
| ～小田原 | 15.7 | ～袋井 | 9.6 | ～庄野 | 2.7 |
| ～箱根 | 16.6 | ～見附 | 5.9 | ～亀山 | 7.9 |
| ～三島 | 14.8 | ～浜松 | 16.5 | ～関 | 5.9 |
| ～沼津 | 5.9 | ～舞阪 | 10.9 | ～坂下 | 6.5 |
| ～原 | 5.9 | ～新居 | 5.9 | ～土山 | 9.8 |
| ～吉原 | 11.8 | ～白須賀 | 6.5 | ～水口 | 10.6 |
| ～蒲原 | 11.2 | ～二川 | 5.8 | ～石部 | 13.7 |
| ～由比 | 3.9 | ～吉田 | 6.1 | ～草津 | 11.8 |
| ～興津 | 9.2 | ～御油 | 10.3 | ～大津 | 14.4 |
| ～江尻 | 4.1 | ～赤坂 | 1.7 | ～京 | 11.8 |
| 平均 | 9.2km | | | | |

長い間隔（約一六・六㎞）で、難所の山道にも差しかかることから、小田原宿への宿泊を選択したことを示しています。このように、旅人は予め宿場間の距離を考えて、それに応じて宿泊地を決めることも時には必要だったのです。

しかし、正規の宿場と宿場の間には「立場」と呼ばれる休憩所が設けられていたり、「間の宿（あいのしゅく）」という休憩用の集落が形成されていることもあり、旅人はそこで休憩や食事を取ることができました。例えば、『伊勢参宮到道中覚帳』では二月四日に岡崎～名古屋間を移動した際の記述に「前渡ト申間の宿　中飯致し」[18]とあり、間の宿で昼食をとっていることが確認できます。

間の宿での宿泊業は、正規の宿場の疲弊を招く原因となるため、幕府から表向きには禁じられていました。ところが、決まりに反して旅人を宿泊させる間の宿は多数存在し、旅日記をみても間の宿での宿泊例は少なくありません。その一例を喜多見村（東京都世田谷区）の田中国三郎の旅にみることができます。そこには、二月六日に「桑名より四日市　相の宿冨田和泉屋弥三郎泊り[19]」と記され、桑名〜四日市間に設置されていた冨田という間の宿（「相の宿」）で宿泊していることがわかります。

このように、道中の宿場間で日が暮れて次の宿場までの移動が困難になった場合でも、その近辺に間の宿が設けられていれば、旅人は危険を伴う夜道の歩行や野宿を回避することができたのです。旅人が間の宿の利用を意識していたなら、宿場の配置は必ずしも歩行距離に影響をおよぼす要因とはならなかったのでしょう。

## 3　道中の歩行と自然環境との関連性

ここまでの考察で、東北地方の伊勢参宮をモデルに、旅人の歩行距離の傾向が様々な角度からわかってきました。次に、旅人の長距離歩行の前提条件として、人間の力ではコントロールできない自然環境との関連性を確認してみましょう。

表1－9　近世日本の気候変動

| 気候名称 | 元和・寛永小氷期 | | 元禄・宝永小氷期 | | | 寛政・天保小氷期 | | |
|---|---|---|---|---|---|---|---|---|
| 気候区分 | 第1小氷期 | 第1小間氷期 | 第2小氷期 | | 第2小間氷期 | 第3小氷期 | | |
| 年代 | 1610〜1650頃 | 1650〜1690頃 | 1690〜1720頃 | 1720〜1740頃 | 1740〜1780頃 | 1780〜1820頃 | 1820〜1850頃 | 1850〜1880頃 |
| 気候 | 非常に寒冷 | 温暖 | 非常に寒冷 | 寒冷 | 温暖 | 寒冷 | 非常に寒冷 | 寒冷 |

出典：根本順吉「歴史気候学の進展」『週刊朝日百科　日本の歴史87　近世Ⅱ』朝日新聞社、1987、p. 307より作成。

## 近世日本の気候条件

歴史気候学の研究成果によると、日本の近世に相当する期間は、地球規模で見れば現代よりも寒冷な時代だったそうです[20]。また、屋久杉の年輪に着目して気温の変動を推算した研究では、近世日本の気温は現代よりも温暖な時期で二℃、最も寒冷な時期では五℃も低かったといわれています[21]。本章で取り上げた東北地方の気候は、特に近世後期には冬は寒冷多雪、夏は冷涼多雨でした[22]。

**表1－9**は、近世日本の気候変動を整理したものです。本章で用いた旅日記の年代は大半が一八世紀後半以降ですが、当時の旅人は気候区分の上では「第三小氷期」に相当する寒冷な時代に連日の長距離歩行をしていたことがわかります。この時期には、江戸でも隅田川が複数回におよんで氷結するなど、冬季には酷寒が続いていました[23]。近世庶民の旅は、農事暦とも関わって農閑期の冬季に出掛けることが一般化していたため、旅人が歩いた道中の世界は現代人が想像するよりも寒かったとイメージすることがで

きます。

## 天候と歩行距離との関連性

天候と旅人の歩行距離には関係性があったのでしょうか。本章で拠り所とした旅日記の著者の中に、道中の天候をつぶさに記録した人物がいました。文政一一（一八二八）年に村山郡寒河江（山形県寒河江市）から伊勢参宮をした渡辺安治です。

**表1－10**は、安治が書いた旅日記（史料18）から天候に関する記述を抽出し、そこに毎日の歩行距離を併記したものです。「晴」「曇」「雨」といった単純な表記にとどまらず、「昨夜大雨、暁はれより方霽、終日大風ニ而晴に成る[24]」「宵ヨリ雨、四ツはれ（午前九時頃―引用者注）過霽間もなく又雨降[25]」のように、時系列で天候の推移を示した例もあって、著者が道中の空模様を気にかけていた様子がわかります。

それでは、道中の天候の善し悪しは、旅人が歩く距離に影響をおよぼすことがあったのでしょうか。表を通覧しても、天候と歩行距離との間に明確な相関関係は確認できません。しかしながら、四月二七日に帰路の砺波（富山県砺波市）で逗留した際に「雨天故逗留[26]」と記述されたように、雨天が道中の歩行を妨げる一つの要因となっていたことは容易に想像がつきます[27]。また、旅行時の履物だった草鞋が水分に弱く、雨天時には頻繁に交換する必要があったことからしても（第4章を参照）、道中

表1-10　道中の天候と歩行距離との関連性

| 月日 | 区間 | 歩行距離 | 天候の記述 |
|---|---|---|---|
| 1月18日 | 寒河江〜上山 | | 暁晴、五ツ頃ゟちらちら雪降 |
| 1月19日 | 〜湯ノ原 | | 晴 |
| 1月20日 | 〜上戸沢 | 23.4km | 暁方より雪吹、午刻頃、霽、ちらちら雪少し |
| 1月21日 | 〜福島 | 30.4km | 朝、雪降、四ツ頃ゟ晴、春風ニて寒し |
| 1月22日 | 〜本宮 | 29.9km | 晴、八ツ頃ゟちらちら雪後雪吹ニなる |
| 1月23日 | 〜須賀川 | 24.5km | 本宮ニ而朝見れは三寸程雪降、朝ちらちら雪、春風寒し、壱里程来れハ雪なし、四ツ頃ゟ晴 |
| 1月24日 | 〜白河 | 21.1km | 晴 |
| 1月25日 | 〜いおふの村 | 19.3km | 晴 |
| 1月26日 | 〜高内 | 34.0km | 晴 |
| 1月27日 | 〜日光 | 35.9km | 晴 |
| 1月28日 | 逗留 | | 暖晴 |
| 1月29日 | 〜板橋 | | 八ツ過雨、後雪ニ成ル |
| 1月30日 | 〜出流 | 42.9km | 暖晴 |
| 2月1日 | 〜岩船 | 25.3km | 四ツ半頃ゟ雨 |
| 2月2日 | 〜杉戸 | 34.6km | 晴、春風寒し |
| 2月3日 | 〜江戸 | 31.2km | 晴 |
| 2月4日 | 逗留 | | 晴 |
| 2月5日 | 逗留 | | 晴 |
| 2月6日 | 逗留 | | 晴 |
| 2月7日 | 逗留 | | 晴 |
| 2月8日 | 逗留 | | 少し曇、七ツ頃雨 |
| 2月9日 | 逗留 | | 曇、暮六ツ時夜中雨 |
| 2月10日 | 逗留 | | 霽、昼過迄快晴ニ成る |
| 2月11日 | 逗留 | | 晴 |
| 2月12日 | 逗留 | | 晴 |
| 2月13日 | 逗留 | | 晴 |
| 2月14日 | 逗留 | | 昼雨 |
| 2月15日 | 逗留 | | 晴 |
| 2月16日 | 逗留 | | (記述なし) |
| 2月17日 | 逗留 | | (記述なし) |
| 2月18日 | 逗留 | | 晴 |
| 2月19日 | 〜神奈川 | 27.4km | 昼頃雨後霽ル |
| 2月20日 | 〜江の島 | 24.8km | 暖晴 |
| 2月21日 | 〜大磯 | 21.3km | 晴 |
| 2月22日 | 〜湯本 | 19.5km | 夕辺八ツ時頃雨後霽、廿二日暁晴、昼頃ゟ雷雨 |
| 2月23日 | 〜沼津 | 23.2km | 晴 |
| 2月24日 | 〜江尻 | 45.8km | 少し曇、八ツ半頃ゟ雨 |
| 2月25日 | 〜久能山 | 16.1km | 少し曇 |
| 2月26日 | 〜森町 | 58.0km | 晴 |
| 2月27日 | 〜秋葉山 | 31.1km | 晴 |

| 日付 | 行程 | 距離 | 天気 |
|---|---|---|---|
| 2月28日 | 〜大野 | 40・7km | 昨夜大雨、暁方霽、終日大風ニ而晴に成る |
| 2月29日 | 〜大木 | 27・2km | 晴 |
| 3月1日 | 〜池鯉鮒 | 31・7km | 曇九ツ頃雨、八ツ過着 |
| 3月2日 | 〜名古屋 | 25・4km | 昨夜七ツ頃雨、明方霽、後快晴 |
| 3月3日 | 〜桑名 | 37・9km | 晴 |
| 3月4日 | 〜関 | 40・0km | 少し曇 |
| 3月5日 | 〜草津 | 52・4km | 昨夜暮頃ゟ五日四ツ半迄雨降霽、又九ツ頃ゟ八ツ半頃迄雨、後霽ニなる |
| 3月6日 | 〜京都 | 26・2km | 昨夜雨、明六ツ半時霽、又九ツ時ゟ雨降 |
| 3月7日 | 逗留 | | 晴 |
| 3月8日 | 逗留 | | 曇、九ツ過ゟ小雨 |
| 3月9日 | 逗留 | | 晴 |
| 3月10日 | 逗留 | | 晴 |
| 3月11日 | 逗留 | | 七ツ頃雨 |
| 3月12日 | 逗留 | | 昼ゟ雨 |
| 3月13日 | 逗留 | | 晴 |
| 3月14日 | 逗留 | | 曇、昼過雨 |
| 3月15日 | 逗留 | | 晴、八ツ時大雨、後霽 |
| 3月16日 | 〜奈良 | 41・6km | 暖晴 |
| 3月17日 | 〜伊賀上野 | 35・1km | 快晴 |
| 3月18日 | 〜松坂 | 58・5km | 晴 |
| 3月19日 | 〜伊勢 | 19・5km | 少し曇、五ツ過着 |
| 3月20日 | 逗留 | | 暁より雨天 |

| 日付 | 行程 | 距離 | 天気 |
|---|---|---|---|
| 3月21日 | 逗留 | | 終日風雨 |
| 3月22日 | 〜仁柿 | 35・1km | 朝小雨、四ツ過ゟ暖晴と成る |
| 3月23日 | 〜あかはね | 46・8km | 暖晴 |
| 3月24日 | 〜吉野 | 45・5km | 晴 |
| 3月25日 | 〜高野山 | 42・0km | 晴、暮近く雨 |
| 3月26日 | 逗留 | | 雨 |
| 3月27日 | 〜八軒や | 45・2km | 晴 |
| 3月28日 | 〜吹飯 | 23・4km | 曇七ツ頃船中ニ而雨、間も無く霽 |
| 3月29日 | 〜堺 | | 曇九ツ時天気 |
| 3月30日 | 〜大坂 | 11・7km | 晴 |
| 4月1日 | 〜西宮 | 19・5km | 晴 |
| 4月2日 | 〜高砂 | 43・9km | 晴 |
| 4月3日 | 〜斑鳩 | 42・0km | 晴、七ツ時雨降 |
| 4月4日 | 〜香登 | 50・7km | 晴 |
| 4月5日 | 〜下村 | 55・5km | 快晴 |
| 4月6日 | 〜金毘羅 | | 晴八ツ時、雨 |
| 4月7日 | 〜下村 | | 曇四ツ過ゟ雨、九ツ時霽天気ニ成 |
| 4月8日 | 〜二本松 | 39・2km | 晴 |
| 4月9日 | 〜片島 | 56・7km | 晴 |
| 4月10日 | 〜高砂 | 35・1km | 晴 |
| 4月11日 | 〜大坂 | | 晴 |
| 4月12日 | 逗留 | | 晴 |
| 4月13日 | 船中 | | 晴 |

| | | | |
|---|---|---|---|
| 4月14日 | 〜京都 | | （記述なし） |
| 4月15日 | 逗留 | | 晴 |
| 4月16日 | 逗留 | | 明方ゟ雨 |
| 4月17日 | 逗留 | | 晴 |
| 4月18日 | 〜武佐 | 31.3km | 晴 |
| 4月19日 | 〜木ノ下 | 51.5km | 晴 |
| 4月20日 | 〜府中 | 56.5km | 晴 |
| 4月21日 | 〜永平寺 | 39.0km | 晴 |
| 4月22日 | 〜いぶり橋 | 49.2km | 朝雨、五ツ頃　晴ニ成る |
| 4月23日 | 〜金沢 | 40.9km | 晴 |
| 4月24日 | 〜高岡 | 46.8km | 晴 |
| 4月25日 | 〜魚津 | 44.3km | 晴 |
| 4月26日 | 〜砺波 | 47.5km | 晴 |
| 4月27日 | 逗留 | | 雨天故逗留 |
| 4月28日 | 〜有間川 | 47.7km | 晴 |
| 4月29日 | 〜関川 | 46.8km | 晴 |
| 5月1日 | 〜牟礼 | 42.9km | 曇 |
| 5月2日 | 〜高田 | 48.7km | 宵ゟ雨、四ツ頃ゟ天気ニ成ル |
| 5月3日 | 〜柏崎 | 52.7km | 晴 |
| 5月4日 | 〜長岡 | 34.8km | 晴 |
| 5月5日 | 〜大野 | | 曇、暮頃雨、嵐ニ成ル |
| 5月6日 | 〜新潟 | 7.8km | 宵ゟ雨、四ツ過霽間もなく又雨降 |
| 5月7日 | 〜菅谷 | 47.6km | 晴 |
| 5月8日 | 〜川口 | 40.7km | 曇、四ツ頃ゟ雨降 |
| 5月9日 | 〜黒沢 | 31.8km | 終日雨 |
| 5月10日 | 〜赤湯 | 45.8km | 霽、次第ニ晴ニ成ル |
| 5月11日 | 逗留 | | （記述なし） |
| 5月12日 | 逗留 | | （記述なし） |
| 5月13日 | 〜山形 | 31.2km | （記述なし） |
| 5月14日 | 〜寒河江 | 48.6km | （記述なし） |

出典：渡辺安治「伊勢参宮花能笠日記」「伊勢拝宮還録」（一八二八）『寒河江市史編纂叢書　第二三集』寒河江市教育委員会、一九七七、一二一―一七〇頁より作成。

で雨が降ると歩く距離を延ばし難かったのでしょう。

一方、表中で五〇km以上の長距離を歩いた日の天候を見ると、大半は「晴」「快晴」などと記され、史料上はほとんどが晴天だったことになります。偶然の一致である可能性は否めませんが、やはり晴天時には長い距離を歩きやすかったのではないでしょうか。

雨天が歩行距離を短縮させていたことは、女性にとっても同様でした。例えば、『道中記』（史料31）の旅人は全行程で一日あたり約三〇・〇kmを歩きましたが、五月二日は厚木〜関口間の約一九・五kmにとどまっています。その理由は、「此日大雨ニ而五り斗ニて宿也[28]」と記録されているように、この日の天候が「大雨」だったからです。

同様の事例は、関東地方の女性の旅にもみることができます。中村いとの『伊勢詣の日記』によれば、江戸〜伊勢間の一日平均の歩行距離は約二八・六kmでしたが、三月二六日の部分をみると「同廿六日　雨天くわ名を立て四日市にかゝるに　神なりはためき大雨しのぎかねて　昼頃四日市に泊りをとる[29]」と記され、当日は激しい雷雨が原因で桑名〜四日市間（約一二・五km）の移動にとどまっていたことが見て取れます。

雨天が歩行距離に影響を及ぼすのは、なにも当日に限ったことではありませんでした。牧野き代の旅の記録『道中記』には、毎日の天候が詳しく書き留められていますが、三月一一日は「此夜ヨリ少々雨降明ヶ時止ミ、昼四時頃ヨリ雨降昼頃大雨[30]」と記され、昼過ぎからは激しい雨が降り続いたようです。翌一二日の天候は「晴天」でしたが「大井川出水此所に留る[31]」とあるように、前日の大雨の影響で大井川が増水して川留（渡河が禁じられること）となり、昼頃から手前の島田宿での逗留を余儀なくされています。き代は在地の亀戸村（東京都江東区）〜伊勢間で一日平均約三〇・八kmの距離を歩いていますが、三月一二日の歩行距離は鞠子～島田間の約二三・五㎞にとどまりました。
このように、道中の天候は時として旅人の歩行距離を短縮させる要因ともなっていたのです。

## 庶民の旅と時間意識

現代とは異なり街灯設備が乏しい近世には、主要幹線でも日没後の出歩きは厳禁でした。文化七（一八一〇）年刊行の『旅行用心集』にも「一通の旅にて格別に急くことなくば夜道決而すべからず」[32]との注意書きがあります。

旅人自身も同じような感覚を抱いていました。東北地方の旅人が同行者間で定めた取り決めには、「日の内にはやく宿をかるべし」[33]「夜ハ暮ぬ内ニ取様ニ心掛朝ニは闇内ニ喰事をいたし夜の明を待可相立事」[34]「夜道無用之事」[35]「朝晩の夜道等をゆたんすべからし」[36]など、夜道の歩行が戒められています。つまり、旅人が歩行可能な時間とは、一日のうちで「夜」を除く時間帯だったのです。道中の歩行は自然条件によって自ずと限定されていたといえるでしょう。

それでは、この与えられた時間の中で旅人はどの位の時間をかけて歩いたのでしょうか。以下では、関東地方の旅日記の中から、日毎の宿の出立・到着の時刻が比較的詳しく書かれている『道中日記帳』[37]『道の記』[38]に基づいて（表1－11・表1－12）、一日のうち旅人が歩いた時間帯を見ていくことにしましょう。[40]

## 表１－11　『道中日記帳』にみる旅の時間帯

| 日時 | 区間 | 宿の出立時刻 | | 宿泊地への到着時刻 | | 時間 | 歩行距離 |
|---|---|---|---|---|---|---|---|
| | | 記載の時刻 | 現代の時刻 | 記載の時刻 | 現代の時刻 | | |
| ２月25日 | 在地～伊勢原 | | | | | | 35. 1km |
| 26日 | 伊勢原～畑 | 五ツ時 | 7：06 | | | | 43. 7km |
| 27日 | 畑～原 | 六ツ時 | 4：47 | 暮六ツ時 | 18：41 | 13時間54分 | 26. 4km |
| 28日 | 原～江尻 | 暁六ツ時 | 4：47 | 暮六ツ時 | 18：41 | 13時間54分 | 41. 1km |
| 29日 | 江尻～金谷 | 六ツ時 | 4：47 | 夜ニ入 | | | 48. 1km |
| 30日 | 金谷～見付 | 六ツ時 | 4：47 | 七ツ半頃 | 17：32 | 12時間45分 | 28. 9km |
| ３月１日 | 見付～浜松 | 九ツ時 | 11：44 | 七ツ半頃 | 17：32 | ５時間48分 | 16. 4km |
| ２日 | 浜松～吉田 | 六ツ時 | 4：47 | 暮六ツ時 | 18：41 | 13時間54分 | 36. 9km |
| ３日 | 吉田～岡崎 | 六ツ時 | 4：47 | 七ツ時 | 16：22 | 11時間35分 | 31. 2km |
| ４日 | 岡崎～樹木寺 | 六ツ時 | 4：47 | 夜五ツ時 | 20：22 | 15時間35分 | 44. 2km |
| ５日 | 樹木寺～桑名 | 五ツ半時 | 8：16 | 暮六ツ時 | 18：41 | 10時間25分 | 25. 3km |
| ６日 | 桑名～上野 | 六ツ時 | 4：47 | 七ツ時 | 16：22 | 11時間35分 | 40. 7km |
| ７日 | 上野～伊勢 | 五ツ時 | 7：06 | 夜五ツ時 | 20：22 | 13時間16分 | 44. 4km |

出典：鈴木佐平次「道中日記帳」（1829）『江戸時代の庶民の旅　鈴木佐平次道中日記』古文書を探る会、1981、pp. 7－16より作成。

## 表１－12　『道の記』にみる旅の時間帯

| 日時 | 区間 | 宿の出立時刻 | | 宿泊地への到着時刻 | | 時間 | 歩行距離 |
|---|---|---|---|---|---|---|---|
| | | 記載の時刻 | 現代の時刻 | 記載の時刻 | 現代の時刻 | | |
| ３月11日 | 在地～川崎 | 未上刻 | 12：53 | 申下刻 | 16：30 | ３時間37分 | |
| 12日 | 川崎～平塚 | 辰下刻 | 6：52 | 申下刻 | 16：30 | ９時間38分 | 44. 2km |
| 13日 | 平塚～三島 | 六ツ半 | 5：39 | 七ツ時 | 16：30 | 10時間51分 | 49. 7km |
| 14日 | 三島～由比 | 六ツ半 | 5：39 | | | | 39km |
| 15日 | 由比～府中 | 早暁 | | 七ツ時 | 16：30 | | 28. 9km |
| 16日 | 府中～金谷 | | | 七ツ時 | 16：30 | | 33. 2km |
| 17日 | 金谷～三倉 | | | | | | 35. 3km |
| 18日 | 三倉～くま | 暁 | | 六ツ時 | 18：54 | | 44. 8km |
| 19日 | くま～新城 | 早発 | | | | | 35. 1km |
| 20日 | 新城～岡崎 | 六ツ時 | 4：27 | 七ツ時 | 16：30 | 12時間３分 | 35. 8km |
| 21日 | 岡崎～宮 | 六ツ半 | 5：39 | 七ツ | 16：30 | 10時間51分 | 31. 8km |
| 22日 | 宮～桑名 | 五ツ時 | 6：52 | 八ツ時 | 14：05 | ７時間13分 | 38km |
| 23日 | 桑名～津 | 六ツ時 | 4：27 | 七ツ過 | 16：30 | 12時間３分 | 50. 5km |
| 24日 | 津～松坂 | 六ツ半 | 5：39 | 九ツ | 11：41 | ６時間２分 | 15. 6km |
| 25日 | 松坂～伊勢 | 六ツ半過 | 5：39 | 九ツ半過 | 12：53 | ７時間14分 | 19. 5km |

出典：大場与一「道の記」（1852）『伊勢道中記史料』世田谷区教育委員会、1984、pp. 205–206より作成。

二つの表によれば、宿の出立時刻は史料ごとに表記の違いこそあれ「六ツ時」ないし「六ツ半」が最も多く見受けられ、次に「五ツ時」の出立が多いことがわかります。

一方、宿泊地への到着時刻は「七ツ」「七ツ半」「暮六ツ時」といった時刻が多く見られます。おおよそ明け方頃に宿を出て、日が落ちて辺りが見えなくなる前にはその日の宿を取ろうとしていたのでしょう。[41]現代の時刻でいえば、宿の出立は四～七時頃、宿泊地への到着は一六～一八時頃にあたります。旅人が一日に歩いた時間は少なくとも七時間程度、長い時には一五時間にも及び、平均して一〇時間程度でした。

この時間的な幅の中で、近世の庶民は一日平均三五㎞程度の距離を歩いたのです。旅人の居住地域の相違、途中の休憩、名所見物などに要する時間を考慮せずに計算するならば、一時間におおよそ三～四㎞の距離を歩いたことになります。ところが、表を見ると時間に比例して歩く距離が長くなるかと思えば、必ずしもそうではありません。当時の旅人は宿の出立から到着まで一日中歩き通したわけではなく、途中茶屋で休憩したり、名所旧跡に立ち寄るなど、道中での楽しみを満喫しながら歩いていたからではないでしょうか。

表に示されているように、旅日記には道中の行動が時刻と併せて記述されていることが少なくありません。それでは、旅人はどのようにして道中で時刻を知ったのでしょうか。近世後期には、旅に関する情報が盛込まれた旅行案内書が数多く刊行されましたが、その中には「日時計」を付録としたものも存在しました。[42] 文政六（一八二三）年に来日したシーボルトは、日本の旅行案内書について「旅行用地図や道程表のほかに日本人旅行者にとって有益なことがらの要点がのっている。（中略）そのうえ現行の尺度のあらまし・紙捻を立てるとでき上がる日時計までついている。[43]」と書き記しています。

また、幕末期にプロイセン政府から日本に派遣されたオイレンブルクの記録にも、旅行案内書には「取り出して設置できる紙切れ製の日時計などが付いている[44]」ことが明記されています。こうした日時計付きの旅行案内書や日時計そのものを持っていれば、道中の行動を時刻と併せて日記に書き残すことができたのです。

しかし、仮に日時計が旅の必需品だったとしても、雨天時には使用できないという欠点がありました。ところが、旅日記には「昼四時頃より雨降昼頃大風雨[45]」「廿六日雨天初音や吉五郎方を五ツ時出立[46]」「三月十一日雨、未上刻発行、申下刻川崎浅田屋江宿を乞[47]」などとあり、雨天時にも時刻に関する記述が確認されます。そう考えると、日時計は旅人が時刻を知るための唯一の情報源ではなかったことになります。

経済史家の角山栄は、一七世紀中期以降の日本では鐘が大量生産されるようになり、これが全国各地に広く普及していたという事実から、近世の旅人は日時計ではなく、公共用時報としての寺の鐘によって時刻を知ったという見解を示しました。[48] 近世には、寺の鐘だけではなく時刻を知らせるための

「時の鐘」を設置する地域も都市部を中心にありました。幕末期の風俗事典『守貞漫稿』には、江戸の時の鐘について「家光公の時に始まる。以前は朝夕六つに太鼓を打つ。これより鐘にて昼夜十二時を撞く。[49]」と記され、鐘が時報になっていたことを伝えています。『東海道中膝栗毛』では、四日市付近の記述として「あたりの寺のかねがゴヲン　北八『女中あれはなん時だへ』女『もふ七ツでござります……[50]』」という場面を確認することができ、各地の寺の鐘が旅人に時刻を知らせる役割を果たしていた様子が描かれています。

このように、近世の旅人は少なからず時間を意識して歩いていたようです。近世の旅を、近代社会のような時間による秩序性にしたがった旅と同列に論じることはできません。しかし、距離と時刻を意識したものだったという点では、近世の旅もまた近代性を帯びたものへと変化しつつありました。近世の人々は、旅という行動を通して近代を先取りしていたのです。

〈注記および引用・参考文献〉

（1）井上勲「日本史の環境」『日本の時代史二九　日本史の環境』吉川弘文館、二〇〇四、六頁／福井憲彦『歴史学入門』岩波書店、二〇〇六、二五頁

（2）近世の旅人の歩行距離は一日に一〇里（約三九㎞）が基本だったといわれていますが、そのことを示す記述は、少なくとも以下の文献に見られます。
吉田健一「日本人の体力」『國學院大學体育学研究室紀要』二号、一九七〇、一一―二一頁／増永正幸「日本

人の生活様式に関する科学的一考察」『國學院大學体育学研究室紀要』一八号、一九八六、一九―二八頁／今井金吾『江戸の旅――東海道五十三次物語――』河出書房新社、一九八八、一四〇頁／今井金吾『江戸の旅風俗――道中記を中心に――』大空社、一九九七、三八―三九頁／齊藤俊彦『轍の文化史――人力車から自動車への道――』ダイヤモンド社、一九九二、六一―七八頁／齊藤俊彦『くるまたちの社会史――人力車から自動車まで――』中央公論社、一九九七、三〇―三九頁／金森敦子『江戸庶民の旅――旅のかたち・関所と女――』平凡社、二〇〇二、二四頁／金森敦子『伊勢詣と江戸の旅――道中日記に見る旅の値段――』文藝春秋、二〇〇四、九頁／金森敦子『〝きよのさん〟と歩く江戸六百里』バジリコ、二〇〇六、五頁／菅井靖雄『こんなに面白い江戸の旅――東海道五十三次ガイドブック――』東京美術、二〇〇一、九頁／菅野俊輔『図解江戸の旅は道中を知るとこんなに面白い』青春出版社、二〇〇九、八頁／石川英輔「数字で読む江戸時代の東海道」『歩きたくなる大名と庶民の街道物語』新人物往来社、二〇〇九、一五四―一六二頁

（3）　ここでいう旅日記とは、旅程順に日付、天候、宿泊地、旅籠名、旅籠代、昼食代、間食代、訪問地とその若干のコメント、賽銭、渡船代、その他購入した品々の代金などが列記されたものです。いわば金銭出納帳ないし日誌的なものでした。旅日記は個人的な旅の記録というよりも、家族や地域社会に伝えるべき情報を網羅した報告書的な役割を担っていました（田中智彦「道中日記にみる畿内・近国からの社寺参詣」『交通史研究』四九号、二〇〇二、一九―二〇頁）。

（4）　旅日記の著者が男性でも、旅の構成メンバーに女性が含まれていれば、その史料は女性の歩行距離を反映するものだと判断しました。同行者に男女が混在している場合、女性の側が男性に進度を合わせて数カ月間歩き続けることは至難の業なので、男性が女性の体力面に配慮して歩行のペースを落としていたと考えたからです。

（5）　桜井邦夫は近世の東北地方からの伊勢参宮ルートを「伊勢往復型」「近畿周遊型」「デラックス型」に分類しました（桜井邦夫「近世における東北地方からの旅」『駒澤史学』三四号、一九八六、一四四―一八一頁）。本章の内容は桜井の研究から多くの示唆を得ています。

(6) 本章でルートを地図上に復元するにあたっては、弘化三（一八四六）年刊行の『改正増補大日本國順路明細記大成』を主な拠り所としました（山崎久作『改正増補大日本國順路明細記大成』和泉屋市兵衛、一八四六）。この史料は、日本全国の街道筋が地図上に多色刷りで網羅され、各街道の宿場間の距離情報を得ることができるからです。

(7) 小野寺淳「道中日記にみる伊勢参宮ルートの変遷――関東地方からの場合――」『筑波大学人文地理学研究』一四号、一九九〇、二三一―二五五頁

(8) このことについては、以下の研究に詳しく述べられています。
岩科小一郎『富士講の歴史――江戸庶民の山岳信仰――』名著出版、一九八三／青柳周一『富嶽旅百景――観光地域史の試み――』角川書店、二〇〇二

(9) ルートの詳細な復元にあたっては、同じく『改正増補大日本國順路明細記大成』を主な拠り所としました。こうした街道筋の整備や宿場の設置は、旅人の長距離歩行の旅を可能にした大きな要因として数えることができます。

(10) 森右衛門「（表題不明）」（一八四九）『伊勢参宮仕候御事』古文書で柴田町史を読む会、二〇〇〇、二―二九六頁

(11) 当該の記述は、次の通りです。
「道中之義は十里を限り可致候事。若し十二・十三里にも及候はば仲間能々談事之上にて可致候事。」（須藤万次郎「伊勢詣同行定」（一八六五）『会津高郷村史』福島県耶麻郡高郷村、一九八一、三三六頁）

(12) 久松「伊勢参宮道中記」（一八五〇）『江刺の古文書（六）』江刺市岩谷堂公民館、一九九二、一九頁

(13) 菊妓楼繁路（一八二三）「参宮の旅人十三ヵ条心得事」『石巻の歴史　第九巻』石巻市、一九九〇、五二四頁

(14) 鬼頭宏『人口から読む日本の歴史』講談社、二〇〇〇、一七七頁

(15) 鬼頭宏「歴史人口学における死亡動態」『生存と死亡の人口学』原書房、二〇〇四、三四頁

(16) 木下太志『近代化以前の日本の人口と家族――失われた世界からの手紙――』ミネルヴァ書房、二〇〇二、一〇五―一〇六頁

(17) 原源次郎「参宮日記帳」(一八三三)『伊勢道中記史料』世田谷区教育委員会、一九八四、一三〇頁

(18) 山崎源右衛門「伊勢参宮到道中覚之帳」(一八六二)『墨田区古文書集成(Ⅲ)——松本家文書——』墨田区教育委員会社会教育課、一九八九、八頁

(19) 田中国三郎「伊勢参宮覚」(一八四五)『伊勢道中記史料』世田谷区教育委員会、一九八四、七頁

(20) 根本順吉「歴史気候学の進展」『週刊朝日百科日本の歴史八七　近世Ⅱ』朝日新聞社、一九八七、三〇六頁

(21) 北川浩之・松本英二「屋久杉年輪の炭素同位体比変動から推定される過去二〇〇〇年間の気候変動」『気象研究ノート』一九一号、日本気象学会、一九八八、七一—一〇頁

(22) 鈴木秀夫『気候変化と人間——一万年の歴史——』原書房、二〇〇四、三九四頁

(23) 根本順吉『江戸晴雨攷』中央公論社、一九九三、五三—五六頁

(24) 渡辺安治「伊勢参宮花能笠日記」(一八二八)『寒河江市史編纂叢書　第二三集』寒河江市教育委員会、一九七七、一三五頁

(25) 渡辺安治「伊勢拝宮還録」(一八二八)『寒河江市史編纂叢書　第二三集』寒河江市教育委員会、一九七七、一六三頁

(26) 渡辺安治、同上書、一五九頁

(27)『伊勢参宮道中記』にも、「大雨ニテ難義仕悪敷道也」(湯川〜野中間)「大雨ニ而難義仕候」(善光寺付近)とあり、大雨が道中の大きな妨げとなっていた模様がわかります(大馬金蔵「伊勢参宮道中記」(一七八六)『天明六年伊勢参宮道中記』いわき地域学会出版部、一九九三、四三頁、七八頁)。

(28) 米屋和吉「道中記」(一八五三)『北上市史　第一二巻　近世(一〇)』北上市史刊行会、一九八六、一三八頁

(29) 中村いと「伊勢詣の日記」(一八二五)『江戸期おんな考』三号、一九九二、一三六頁

(30) 牧野勘四郎「道中記」(一八〇九)『江東区資料　牧野家文書二』江東区教育委員会生涯学習課、一九九五、二一頁

(31) 牧野勘四郎、前掲書、二二頁
(32) 八隅蘆庵『旅行用心集』須原屋伊八、一八一〇、七丁
(33) 菊妓楼繁路、前掲書、五二四頁
(34) 「道中日記帳」(一八五六)『田島町史　第四巻　民俗編』田島町、一九七七、八七五頁
(35) 「覚」(一八四四)『伊勢参宮』富谷町古文書を読む会、二〇〇八、一五頁
(36) 「道中拾五ヶ条心得の事」(一八四九)『伊勢参宮仕候御事』古文書で柴田町史を読む会、二〇〇〇、四頁
(37) 近世においては「不定時法」が用いられていました。これは、日の出と日没を基準として、一日を昼と夜とに分け、その昼夜をそれぞれ同じ数に等分して時刻を定めたものです。太陽の位置を標準として、その時刻をそれぞれ常に同一時刻と定めるため、四季を通じて同一の時刻に太陽はほとんど同じ位置にあり、同じ明るさとなります(橋本万平「江戸時代の時刻制度」『兵庫史学』九号、一九五六、六九頁)
(38) 鈴木佐平次「道中日記張」(一八二九)『江戸時代の庶民の旅　鈴木佐平次道中日記』古文書を探る会、一九八一、七―一六頁
(39) 『道の記』は彦根藩世田谷領(東京都世田谷区)の代官の嗣子である大場与一による伊勢参宮の旅日記です。この史料には、旅の時間帯が比較的詳細に記されています(大場与一「道の記」(一八五二)『伊勢道中記史料』世田谷区教育委員会、一九八四、二〇五―二一四頁)。
(40) **表1-11・表1-12**は、各史料に記された時刻に関する記述を抽出し、それを現代の時刻と対比させ、さらに日毎の歩行可能な時間と歩行距離を照し合せたものです。不定時法が用いられていた近世の時刻を現代の時刻に対応させる際には、橋本万平の研究(橋本万平『日本の時刻制度』塙書房、一九六六)を参考にしました。
(41) この傾向は、文化七(一八一〇)年刊行の『旅行用心集』に「朝のおそき八一日のをくれとなる也」や、「一通りの旅にて格別急くことなくば夜道決而すべからず」と記されていることとも符合します(八隅蘆庵、前掲書、五丁、七丁)。したがって、ここで検討した二点の史料は、当時の旅の時間帯に関するおおよその傾向を伝

えていると捉えられます。

(42) 近世に起こった印刷技術の革新によって、大量の印刷物を効率よく出版できる時代が訪れました。また、寺子屋教育などによって、日本人の識字率は世界トップクラスの水準にまで到達し、多くの人々が文字を読めるようになります。こうした条件が整うと、近世後期の旅の流行に当て込んで、庶民層をターゲットとしてたくさんの旅行案内書が出版されます。旅に持参できるようなコンパクトなものから、家でじっくり読んで旅の追体験ができるような豪華な挿絵入りのものまで、バラエティに富んだラインナップがそろっていました。旅行案内書を手に取ることで、旅の未経験者にとっては旅の心得や旅先での情報を予習することができ、実際に旅に出た際にも道中で円滑に旅を進めるための情報を収集することができました。今も昔も、旅行案内書（ガイドブック）は旅文化を支える重要なアイテムだったのです。

(43) シーボルト「江戸参府紀行」（一八九七）斎藤信訳『江戸参府紀行』平凡社、一九六七、二二一頁

(44) オイレンブルク「日本遠征記」（一八六四）中井晶夫訳『オイレンブルク日本遠征記上』雄松堂出版、一九六九、一五九頁

(45) 牧野勘四郎、前掲書、二二一頁

(46) 鈴木佐平次、前掲書、七頁

(47) 大場与一、前掲書、二〇五頁

(48) 角山栄『時計の社会史』中央公論社、一九八四、五七—八六頁
時報として鐘を鳴らしていた寺の多くは、日時計を用いるのではなく、火の燃焼速度が一定であることを利用した「香時計」（火時計の一種）を備えていました。粉末の香で線を描いて端から点火し、燃焼速度によって決めた時刻点まで香が燃えるごとに時刻を知らせる鐘を鳴らしていたようです（角山栄、前掲書、八四—八五頁）。

(49) 喜田川守貞「守貞漫稿」（幕末期頃）『近世風俗志（守貞謾稿）（一）』岩波書店、一九九六、一〇四頁

(50) 十辺舎一九「東海道中膝栗毛」（一八〇二〜〇九）『東海道中膝栗毛（下）』岩波書店、一九七三、一九頁

第2章

# 幕末~明治初期の日本人の歩き方

人体の基本構造が許す範囲内で、人間は様々な運動を行うことができます。そのため、日常的な動作ひとつ取ってみても時代、地域、民族、文化などによって必ずしも同じように行われるとは限りません。私たちの生活に密着した「歩行」という運動についても同様です。

西洋化（=近代化）する以前の日本では、人々の歩行の様態は今日の日本人とは多少異なっていたといわれています。かつての日本人はどのように歩いていたのでしょうか。この問いに答えようとする研究成果は数多く報告されてきましたが、日本古来の歩行が史料に基づいて明確に示されてきたわけではありません。近代以前の歩行に関して、日本人の手によって記された史料が絶対的に不足しているからです。おそらく、歩行という余りにも当然の動作について、当時の日本人が意識的に記録することは稀だったのでしょう。

しかし、日本人にとっては取るに足らないことでも、異文化からやってきた西洋人の目には、その歩行は記録に値する風変わりなものとして映ったようです。特に、幕末～明治初期に来日した西洋人の見聞録を紐解いてみると、彼らは西洋化以前の日本人の生活実態を自国文化と比べてつぶさに観察していて[1]、その中には歩行に関する記述も見られます。したがって、西洋人の目に映った日本人の歩行の記録を史料とすることで、前述した問いに客観的な側面から迫ることが可能になります。そこで本章では、幕末～明治初期に日本にやって来た西洋人の見聞録を主な手掛かりとして、彼らの目線が捉えた日本人の歩行の様態を明らかにしていきましょう[2]。

## 1　日本人の歩行に関するこれまでの研究

かつての日本人は「ナンバ」の姿勢で歩いていたというのが、現在のところ通説になりつつあります。今日の日本人が歩く時、右足が出ると左手が前に出るという体を捻った姿勢の連続動作が通常ですが、ナンバは右手と右足、左手と左足が同時に出るような歩き方だったという説です[3]。

この分野の第一人者としても知られる演劇評論家の武智鉄二は、ナンバの歩行を次のように説明しています。武智は手を振らない「半身」のナンバの歩行を農耕生産における半身の姿勢と結びつけて理解しました。

「日本民族のような純粋な農耕民族（牧畜を兼ねていない）の労働は、つねに単え身でなされるから、したがってその歩行のときにもその基本姿勢（生産の身ぶり）を崩さず、右足が前へ出るときには、右肩が前へ出、極端に言えば右半身全部が前へ出るのである。（中略）ナンバ歩きに、手を振るという説明は、正しくない。農民は本来手を振らない。手を振ること自体無駄なエネルギーのロスであるし、また手を振って反動を利用する必要が、農耕生産にはない。[4]」

武智はナンバについて記す数多くの著作の中で、農民層に着目してその生産と歩行の関係を論じてきました。それは、武智が農民芸術としての舞や能などの所作事を手掛かりとしてきたことや、近代以前に農民が日本の総人口の多くを占めていた事実とも関係があるのでしょう。武智はこうした日本古来の歩行が今日的な歩行へと変化した直接的な要因を、明治期に義務教育で採用された兵式体操に求めました。[5]

ナンバについては、古くはバレエ評論家の蘆原英了によって取り上げられています。[6] 蘆原は昭和一六（一九四一）年に刊行された著作の中で、ナンバの半身姿勢はスポーツや舞楽、歌舞伎にもみられると指摘し、これを通常よりも力を求める時の姿勢として結論付けました。しかし、蘆原の論稿では、かつての日本人の歩き方の解明には至っていません。

武智鉄二以降にナンバの歩行に言及した主な研究者として、歴史家の多田道太郎、民俗学者の高取正男がいます。多田は伝統演劇の「すり足」について論じる際、労働の基本姿勢の日常化が「ナンバ」、宗教の基本姿勢の日常化が「すり足」だと推論し[7]、基本的には武智のナンバ論に賛同しています。

高取はナンバの半身姿勢を、天秤棒を担ぐ姿勢を引き合いに出して説明しました（詳しくは第3章を参照）。高取も武智の見解に触れたうえで「半身のかまえは、われわれ日本人にとって、本来はもっとも自然で、基本的な働く姿勢であった[8]」とし、広い意味でナンバが労働に由来することを指摘しました。

以後も武智のナンバ論は多くの研究者によって引き継がれていきます。人類学者の野村雅一は、かつての日本人の歩行を次のように説明しました。

「日本の民衆の伝統的姿勢――この場合、主として明治期まで人口の大多数を占めていた農民を問題にしている――は、腰をかがめ、あごをつきだし、四肢がおりまがった姿であった。歩くときもひざはまがったままであり、腕の反動も利用することはない。なまじ腕をふって歩くように言うと、右腕と右脚、左腕と左脚というように、左右の手と足をそろえてつきだす、いわゆる『ナンバ』式で歩きだすのである。[9]」

野村も基本的には武智の見解を踏襲しています。また、野村はナンバを世界に広く分布する姿勢と捉え、むしろ西洋人のように脚と腕を左右交互に動かして、反動を利用しながら歩く方が特殊な歩き方だったのではないかと、注目すべき視点を提供しました。[10]

その他、評論家の三浦雅士[11]、武術研究家の甲野善紀[12]、教育学の斎藤孝[13]、スポーツ史の野々宮徹[14]や稲垣正浩[15]なども、近代以前の日本人の歩行がナンバだったことに明確な異論を唱えていません。

ナンバの起源を労働の姿勢に求める武智の説とは異なる見解を示したのが河野亮仙です。河野は「なんばについてはよく農耕民族である日本人が鋤や鍬を持って田を耕す動作からくるなどと説明されるが、こじつけのように思われる。むしろ、山がちな国に住む民族の歩法との関連から導き出したほうがよいと考えている。[16]」と述べ、日本古来のナンバの歩行が地形に由来すると考えました。

近代以前の日本人の歩き方がナンバだったこと自体を疑った研究もあります。スポーツ史の中房敏朗は、近代以前の日本人の歩き方が今日と違っていたことはおそらく間違いないものの、その歩行がナンバだったかどうかは確証が得られていない段階にあると言及しました。[17] また、木寺英史もかつての日本人が今日とは異なる歩き方をしていたことは認めながら、それが左右の半身を繰り返して前進する歩行だったことには疑問を抱いています。[18]

フランスの文豪バルザックは、「歩きかたは身体の表情である」と述べ、歩き方にはそれぞれの職業や生活習慣が映し出されるとしています。[19] この点は岸野雄三[20]や野村雅一[21]によっても言及されていて、かつての日本にも身分、職業、性別に特有な姿勢や身振り（歩行を含む）があったそうです。これは、日常の習慣的な身体動作には社会的・文化的影響が色濃く反映されているという、フランスの社会学者モースの見解にも似ています[22]。こうした考え方からすれば、かつての日本人の歩行も各々の属する社会の影響を強く受けていて、そこに何らかの特徴を見出すことができるといえるでしょう。

以上、近代以前の日本人の歩行に関する研究史を見てきました。日本古来の歩行がナンバだったと断定することはできませんが、近代以前の日本人の歩行が今日の私たちとは異質だったという考え方は、どの識者にも共通しているといえそうです。

## 2 幕末～明治初期の日本人の歩き方

ここでは、幕末～明治初期に来日した西洋人の見聞録を手掛りとして、この時代の日本人がどのように歩いていたのかを探っていきましょう。表2－1は本章で用いる西洋人の見聞録を著者の五〇音順で並べたものです。表に掲載した見聞録には日本人の歩行について記録されていますが、本章はそこに記された内容に基づいて考察を進めていきます。

歩行に関する記述に目を向けてみると、その内容から一定の傾向を導き出すことができます。多くの西洋人が気が付いた日本人の歩行の特徴として、足を引き摺ること（引き摺り足）[23]、歩行の際に音が

表2－1　幕末～明治初期における訪日西洋人の見聞録一覧

| 著者 | タイトル | 国籍 | 来日した年代 | 原書刊行年 | 出版社 | 出版年 |
|---|---|---|---|---|---|---|
| ヴェルナー | エルベ号艦長幕末記 | ドイツ | 一八六〇～六二 | | 新人物往来社 | 一九九〇 |
| カヴァリヨン | 二五四日世界一周（「モンブラン日本見聞記」所収） | フランス | 一八九一 | 一八九四 | 新人物往来社 | 一九八七 |
| カッテンディーケ | 長崎海軍伝習所の日々 | オランダ | 一八五七～五九 | 一八六〇 | 東洋文庫 | 一九六四 |
| ギメ | 一八七六ボンジュールかながわ | フランス | 一八七六 | 一八七八 | 有隣堂 | 一九七七 |
| コバルピアス | 日本旅行記 | メキシコ | 一八七四 | 一八七六 | 雄松堂出版 | 一九八三 |
| ゴロウニン | 日本幽囚記　上、中、下 | ロシア | 一八一一～一三 | | 岩波書店 | 一九四三～四六 |
| ゴロウニン | 日本俘虜実記　上、下 | ロシア | 一八一一～一三 | 一八一六 | 講談社 | 一九八四 |
| ゴロウニン | ロシア士官の見た徳川日本 | ロシア | 一八一一～一三 | 一八一六 | 講談社 | 一九八五 |
| ゴンチャロフ | 日本渡航記 | ロシア | 一八五三 | 一八五七 | 雄松堂出版 | 一九六九 |
| サンソム | 東京に暮す | イギリス | 一九二八～三六 | | 岩波書店 | 一九九四 |
| シドモア | 日本紀行 | アメリカ | 一八八四 | | 講談社 | 二〇〇二 |
| シュリーマン | 日本中国旅行記 | ドイツ | 一八六五 | 一八六七 | 雄松堂出版 | 一九八二 |

| | | | | | | |
|---|---|---|---|---|---|---|
| スエンソン | 江戸幕末滞在記 | デンマーク | 一八六六～六七・七〇 | 一八六九～七〇 | 新人物往来社 | 一九八九 |
| スミス | 日本における十週間 | イギリス | 一八六〇 | 一八六一 | 雄松堂出版 | 二〇〇三 |
| チェンバレン | 明治旅行案内 | イギリス | 一八七三～ | 一八九一 | 新人物往来社 | 一九八八 |
| ツュンベリー | 江戸参府随行記 | スウェーデン | 一七七五～七六 | 一七九三 | 東洋文庫 | 一九九四 |
| ハイネ | 世界周航日本への旅 | ドイツ | 一八五三 | 一八五六 | 雄松堂出版 | 一九八三 |
| バード | 日本奥地紀行 | イギリス | 一八七八 | 一八八〇 | 平凡社 | 二〇〇〇 |
| バード | 日本紀行 | イギリス | 一八七八 | 一八八〇 | 雄松堂出版 | 二〇〇二 |
| ハーン（小泉八雲） | 日本の風土（「外国人の見た日本三」所収） | イギリス | 一八九〇～一九〇四 | | 筑摩書房 | 一九六一 |
| ハーン（小泉八雲） | 東洋の土を踏んだ日（「小泉八雲作品集一」所収） | イギリス | 一八九〇～一九〇四 | | 河出書房新社 | 一九七七 |
| フェルディナント | オーストリア皇太子の日本日記 明治二十六年夏の記録 | オーストリア | 一八九三 | 一八九五・九六 | 講談社 | 二〇〇五 |
| ブスケ | 日本見聞記 一、二 | フランス | 一八七二～七六 | 一八七七 | みすず書房 | 一九七七 |
| フロイス | 日欧文化比較 | ポルトガル | 一五六二～九六 | 一五八五編集 | 岩波書店 | 一九六五 |
| ベーコン | 華族女学校教師の見た明治日本の内側 | アメリカ | 一八八八～八九 | 一八九四 | 中央公論社 | 一九九四 |

| | | | | | | |
|---|---|---|---|---|---|---|
| ベルツ | 日本人の心理（「日本文化論集」所収） | ドイツ | 一八七六～一九〇五、〇八 | 一九〇四 | 東海大学出版会 | 二〇〇一 |
| ヘールツ | 日本年報 | オランダ | 一八六九～ | 一八七〇～七三 | 雄松堂出版 | 一九八三 |
| ボードウァン | オランダ領事の幕末維新 | オランダ | 一八五九～七四 | | 新人物往来社 | 一九八七 |
| マクドナルド | 日本回想記 | アメリカ | 一八四八～四九 | 一九二三 | 刀水書房 | 一九七九 |
| マローン | 日本と中国 | ドイツ | 一八六〇～六一 | 一八六三 | 雄松堂出版 | 二〇〇二 |
| メイラン | 日本 | オランダ | 一八二七 | 一八三〇 | 雄松堂出版 | 二〇〇二 |
| モース | 日本その日その日　一～三 | アメリカ | 一八七七・七八～七九・八二 | 一九一七 | 東洋文庫 | 一九七〇～七一 |
| ロチ | お菊さん | フランス | 一八八五 | 一八九三 | 岩波書店 | 一九二九 |
| ロチ | 秋の日本 | フランス | 一八八五 | 一八八九 | 角川書店 | 一九五三 |
| ロチ | ロチのニッポン日記 | フランス | 一八八五・一九〇〇～〇一 | 一八八五―一九〇一 | 有隣堂 | 一九七九 |

出典：本表の作成にあたっては、以下の文献を参考として用いました。
・国立国会図書館専門資料館編『世界の見た日本　国立国会図書館所蔵日本関係翻訳図書目録』国立国会図書館、一九八九。
・富田仁編『事典　外国人の見た日本』日外アソシエーツ、一九九二。

生じること、爪先歩行、前傾姿勢、小股・内股、歩行が奇妙であること、などの項目が浮び上がってきます。また、着物や履物が日本人の歩き方におよぼした影響についても少なからず観察されていたようです。

こうした傾向を踏まえ、史料に示された歩き方の特徴を分類したものが表2－2です。記述の内容が各種の項目に該当する時は○印を付け、その項目（特徴）に影響を与えている要因も見聞録に併記されている場合は表中に記入しました。例えば、ツュンベリーは日本人男性の歩行の音を指摘しましたが、その要因を「草履」に求めています。

表2－2によると、西洋人が見聞の対象としたのは男性よりも女性の方が若干多かったようです。つまり、西洋人にとっては、男性よりも女性の歩行の方が記録に値する特異な動作だった可能性があります。以下、表から読み取ることのできる歩行の特徴を項目ごとに確かめていくことにしましょう。

### 引き摺り足

西洋人が捉えた特徴として、歩行の際に足を引き摺るという点が示されています。マクドナルドは長崎の女性を観察して「彼女たちは（中略）すり足で歩き……」[24]と記録し、ハイネも女性の歩行を「足を引きずって歩く」[25]と表現しました。この特徴は明治期になっても続き、ギメは「日本女性は、まさしく私たちがすでに知っている屏風の絵のようだ。膝を締めて歩き、足を引きずり……」[26]と神奈川での見聞を記しています。

引き摺り足は女性だけに表れた歩行の特徴ではなかったようです。マローンが男性の歩行について記した「足を前方におしだしている」[27]という一文などは、足を引き摺って歩く様子を表現したものと理解することもできるためです。

**表2－2**によれば、引き摺り足の歩行の様態を生み出した要因について、見聞録にはほとんど記されていません。しかし、ロチが日本女性には「高い木製の履物（高下駄―引用者注）をひきずる世襲的な習慣」[28]があると記しているように、引き摺り足の特徴が履物に影響を受けているというポイントを見逃すことはできません。

こうした引き摺り足の歩行は、武智鉄二がかつての農民の歩行について、「ぞろぞろと足をひきずりながら、歩いたものだったに違いない」[29]と断言していることと一致します。かつての日本では、ロチの言うような「世襲的な習慣」として引き摺り足を含んだ歩行が広く行われていたのではないでしょうか。

## 歩行の音

日本人が音を立てて歩くことは男女を問わず指摘されていますが、西洋人の観察によれば、それは日本の履物に由来するそうです。このことは、ツュンベリーが「草履には踵の部分がないので、歩くとスリッパのようにパタパタと音がする。[30]」と記していることや、スミスの「履き物のかかとは留め

日本人の歩行の特徴

| 見聞の対象 | 歩行の特徴 | | | | | | | 歩行の規制 | |
|---|---|---|---|---|---|---|---|---|---|
| | 引き摺り足 | 歩行の音 | 爪先歩行 | 前傾姿勢 | 小股 | 内股 | 奇妙な歩き方 | 歩き難い | 歩き易い |
| 男性 | | | 足半 | | | | | | |
| 男性 | | 草履 | | | | | | 着物 | 股引・着物の裾をまくる |
| 男性 | | | | | | | | | 袴 |
| 女性 | ○ | | | | | | | | |
| | | | | ○ | | | | 草履 | |
| 女性 | ○ | | | | 着物 | 着物 | 下駄 | 着物 | |
| 男性 | | | | | | | | 着物 | |
| 女性 | | | | | | ○ | | 着物 | |
| 男性 | | 下駄<br>草履 | | | | | | | 草鞋 |
| 男性 | ○ | | | ○ | | | ○ | 着物 | |
| 女性 | | | | | 着物 | | 下駄 | 着物 | |
| 女性 | | | | | 着物 | | | 着物 | |
| 男性 | | | | | | ○ | | 草履 | 草鞋 |
| | | | | | | | | 着物 | |
| | | | | | | | | ○ | ○ |
| | | | | | | | | 着物 | |
| | | | | | | | | 着物<br>下駄 | 足袋 |
| 女性 | ○ | | | | | ○ | | | |
| 女性 | | | | | | | | 着物 | |
| | | 下駄<br>草履 | | | | | | | |
| 女性 | | | | | ○ | | ○ | | |
| 女性 | | | | 着物 | 着物<br>下駄 | ○ | 下駄 | 着物<br>下駄 | |
| 女性 | 下駄 | | | | | ○ | 下駄 | 着物 | |
| | | | | | | | | 着物<br>下駄 | |
| | 下駄 | 下駄 | | ○ | | ○ | | 下駄 | |
| | | | | | | | | 着物 | |
| | | | 下駄 | 下駄 | | | 下駄 | | |
| | | 下駄 | | | | | | | |
| 男性 | | | | | | | | | |
| | | | | | 草履<br>下駄 | | | | 洋服 |
| 女性 | | 下駄<br>草履 | | | | | | | |
| | | 下駄 | | | | | | 下駄 | |

表２－２　幕末～明治初期における

| 著者 | タイトル | 国籍 | 来日の年代 | 見聞の場所 |
|---|---|---|---|---|
| フロイス | 日欧文化比較 | ポルトガル | 1562～96 | |
| ツュンベリー | 江戸参府随行記 | スウェーデン | 1775～76 | |
| メイラン | 日本 | オランダ | 1827 | 長崎 |
| マクドナルド | 日本回想記 | アメリカ | 1848～49 | 長崎 |
| ゴンチャロフ | 日本渡航記 | ロシア | 1853 | |
| ハイネ | 世界周航日本への旅 | ドイツ | 1853 | 下田 |
| カッテンディーケ | 長崎海軍伝習所の日々 | オランダ | 1857～59 | 長崎 |
| ボードヴァン | オランダ領事の幕末維新 | オランダ | 1859～74 | 長崎 |
| スミス | 日本における10週間 | イギリス | 1860 | |
| マローン | 日本と中国 | ドイツ | 1860～61 | |
| ヴェルナー | エルベ号船長幕末記 | ドイツ | 1860～62 | |
| シュリーマン | 日本中国旅行記 | ドイツ | 1865 | 江戸 |
| スエンソン | 江戸幕末滞在記 | デンマーク | 1866～67 | |
| ヘールツ | 日本年報 | オランダ | 1869～ | |
| ブスケ | 日本見聞記 | フランス | 1872～76 | |
| チェンバレン | 日本事物誌 | イギリス | 1873 | |
| コバルピアス | 日本旅行記 | メキシコ | 1874 | 横浜 |
| ギメ | 1876ボンジュールかながわ | フランス | 1876 | 横浜 |
| ベルツ | 日本人の心理 | ドイツ | 1876～1905 | |
| モース | 日本その日その日 | アメリカ | 1877 | 横浜・東京 |
| バード（女性） | 日本奥地紀行 | イギリス | 1878 | |
| | 日本紀行 | イギリス | 1878 | |
| ロチ | 秋の日本 | フランス | 1885 | 東京 |
| | お菊さん | フランス | 1885 | 東京 |
| | ロチの日本日記 | フランス | 1885 | 長崎 |
| ベーコン | 華族女学校教師の見た明治日本の内側 | アメリカ | 1888～89 | |
| ハーン（＝小泉八雲） | 日本の風土 | イギリス | 1890～1904 | 松江 |
| | 東洋の土を踏んだ日 | イギリス | 1890～1904 | 横浜 |
| カヴァリヨン | 254日世界一周 | フランス | 1891 | 東京 |
| フェルディナント | オーストリア皇太子の日本日記 | オーストリア | 1893 | 長崎 |
| シドモア（女性） | 日本紀行 | アメリカ | | 横浜 |
| サンソム（女性） | 東京に暮す | イギリス | 1928～36 | 東京 |

ていないので、石の歩道を歩くとき上ったり、下ったりし、通りの人ごみの中を進むときたえずやかましい音をたてる。[31]」という記述にもあらわれています。特に、下駄が発する音は外国人にとって印象的だったらしく、ロチは「足駄（高下駄—引用者注）は敷石の上に騒々しい音を立てる。[32]」と書き記しました。[33]

歩行時の音について強い関心をもって観察したのはハーン（小泉八雲）です。彼は日本に到着して間もなく、横浜で次のような感想を書き留めています。

「日本の下駄は、それをはいて歩くと、いずれもみな、右左わずかに違った音がする——片方がクリンといえば、もう一方がクランと鳴る。だからその足音は、微妙に異なる二拍子のこだまとなって響く。駅のあたりの舗装された道などでは、ことのほかよく響く。[34]」

草履や下駄といった履物は、踵が固定されていないので、その構造が歩行時に音を発生させていました。足と履物が常に接するのは鼻緒の部分だけで、足を上げていても履物が足先にぶら下がり地面に擦れるような状態になり、西洋の「靴」と比べて特徴的な音が生じるのです。これと併せて、先に述べたような「引き摺り足」の歩行習慣も、歩行時に音が出る一つの要因としてあげられます。

## 爪先歩行

爪先歩行に気が付いた西洋人は少数ですが、この特徴も履物との関係から理解されたようで、古くは一六世紀末に来日したフロイスにまで遡ることができます。フロイスは自らの属する西洋文明と比較して、「われわれの間では足を全部地につけて歩く。日本では、足の半分の履物の上で足の先だけで歩く。[35]」との観察記録を書きました。フロイスのいう「足の半分の履物」とは、足の裏を保護したり作業をしやすくするために作られた足半（あしなか）という履物です。足の指と踵は完全に台座からはみ出した状態となり、爪先で力を入れやすいように工夫されています。[36] 野村雅一も足半に注目して、「踵のないこのような履物の存在は、爪先で地面を蹴るようにして歩く日本人の歩行様態をよく反映している[37]」との見解を示しました。

足半のような特殊な履物を着用していなくても、爪先歩行の形態は出現していたようです。ハーンは日本人が下駄を履いた姿を見て、次のように記録しました。

「日本人は、誰もみな、足の爪先で歩く。（中略）その足を前に踏み出すときには、かならず爪先から先につく。これはむりもないことで、日本の下駄だと、かかとが下駄にも地面にもつかず、そのうえ下駄の台が楔形をしているので、どうしても足が前のめりになるから、これ以外の歩き方はないわけだ。[38]」

ハーンの見聞録が暗に示しているように、爪先歩行は日本古来の履物の構造と関係があります。踵が固定されていない草履や下駄の鼻緒は、足先でつっかけるようにして進むことではじめて締まります[39]。だとすれば、爪先歩行とは履物が脱げないように配慮した歩き方でもあったといえるでしょう。

このように、かつての日本に存在した引き摺り足、歩行の音、爪先歩行といった歩き方の特徴と履物との間には、無視できない関係性があります。鼻緒をうまく足先にかけて進むには、引き摺り足や爪先歩行は効率が良く、その歩き方が特徴的な音を生じさせていたと考えることができるのです。

## 前傾姿勢

日本人の前傾姿勢での歩行も、男女を問わず注目された特徴です。ゴンチャロフは「日本人がまっすぐな姿勢で歩いたり、あるいは立ったりするのを一度も見かけなかった。必ず身体を半ば前に屈めて、……[40]」と前傾姿勢について記します。その他に歩行時の前傾姿勢を観察したものをあげてみると、男性についての「姿勢はやや前かがみ[41]」という記述や、女性についての「すべての女性が前かがみになっている[42]」、「心もち前方に傾く腰は[43]」といった見聞が確かめられます。

こうしてみると、前傾姿勢は歩く時だけに表われた動作というよりも、日本人の姿勢そのものがやや前屈みだったために、歩行の際にもそのまま前傾姿勢が確保されたようにも思えてきます。その一方で、先に述べた「爪先歩行」が前傾姿勢での歩行を必然化させていた可能性も考慮しておくべきでしょう。

## 小股・内股

表2－2によれば、日本人の小股ないし内股の歩行は、主に女性に見られた特徴だったことがわかります。まず、小股の歩行について記した見聞録をあげておきましょう。

ハイネは「この服（女性の服装―引用者注）は静かにしていれば身体全体をうまくおおっているが、激しく運動すると、容易に胸がすっかりはだけるし、足の一部も見えてしまう。それゆえ、身分の高い婦人は、小股でゆっくりと歩くのである。[44]」と説明しています。また、シュリーマンは立ち寄った茶屋で働く少女の着物を観察し、「その着物の裾は少女たちが辛うじて動けるほどの歩幅にしか開かず、……[45]」と記しました。さらに、バードは女性の着物と併せて履物にも注目して、「脚を堅く着物でつつみ、高い木の靴（下駄、訳者注）で内またによちよち歩いているので、ほんの短い歩幅でしか歩けない。[46]」と断定しています。女性の小股歩行は、動きを制限する着物の影響を受けて必然化した特徴だったのではないでしょうか。

一方、内股の歩行について、ボードウァンは「内股で歩くので身のこなしが優雅に見えません。私は彼女たちを美しいとは思えません。[47]」と記し、バードも「女性はとても貴族的で、弱々しい歩き方をして、しかも内またである[48]」と記録しています。また、ハイネの「彼女は歩くさいには、両足で半円を描くようにするのである[49]」という説明や、ギメの「膝を締めて歩き……[50]」という表現、さらにロチの「内側に曲がった足[51]」、「婦人たちは踵を外側にして歩く[52]」といった観察記録も、内股の歩行を示すものでしょう。ただし、見聞録をみる限りでは、「小股」を示す記述とは異なり、「内股」の歩行は着物や履物の影響を受けたものとは捉えられていなかったようです。

## 奇妙な歩き方

日本人の歩行を奇妙な動作として捉えた西洋人は少なくありませんが、彼らはどのような点を奇妙だと感じたのでしょうか。

ハイネは女性の歩行を指して、「小さな竹馬に似た靴（下駄、訳者注）（足の裏と踵の下に三ないし四インチの板で作ったサンダル）で、足もともおぼつかないように奇妙な格好で歩く[53]」と書き留めました。また、マローンは「歩行は、優美で男性的な強さに欠け、自意識の表情に乏しい。それは厳密に言うと、歩行といったものではない[54]。」と記し、抽象的な表現ながら日本人男性の歩行を異質な動作だと感じていました。さらに、ヴェルナーは「高下駄で歩くにはなかなか技巧が必要だ。なんとしても不安定なので、つねにバランスをとらねばならず、歩く姿はまことにグロテスクだ[55]。」と記録し、バードも「こんな代物（下駄―引用者注）は、日本人の持前の歩き方の格好悪さを増長させるだけである。[56]」と女性の歩行の印象を書いています。

このように、西洋人は下駄を履いた時の日本人の歩行を特に奇妙だと感じていたことがわかります。上記のほかにも、ロチ[57]やハーン[58]が日本人の歩行を奇妙だと記していますが、いずれもその理由を下駄の着用に求めているのです。

## 3　歩行の規制

### 装いによる歩行の規制

日本人の歩行について記した西洋人の視線は、目に見える歩き方の特徴にとどまらず、歩行に制限を加えた要因も捉えていました。彼らの記すところによると、歩行を含む日本人の運動は、着物や履物などの「装い」に規制されていたと考えることができます。このことについて、ブスケは「服装は時には我々の知らないうちに、習俗や立居振舞に決定的な影響を与えている。[59]」と述べました。また、マローンも「この履物（草履―引用者注）とぴったりした長いきちんと重ねあわせたスカートを、幅ひろの帯で結んでいるのを見れば、これは運動の民ではないということが外見上はっきりする。[60]」と明言しています。日本人の装いが西洋人の意図する「運動」に適していなかったことは、カッテンディーケが「日本の服装は艦上にせよ、また陸上にせよ、すべての教練に不向きなものである。[61]」と書いたことからもわかるでしょう。

着物や履物が歩き方に影響を与えていたことは、ほかにも多くの西洋人が見聞録に書き留めた項目でした。コバルピアスは日本の下駄について「実際歩きにくい[62]」と述べ、「着物は体の前でぴったりと重ね合わされているので、裾の方で広くゆとりをとっていないかぎり容易には歩きにくいはずである。[63]」と断言しています。また、バードが女性の着物を指して「窮屈で移動の邪魔になる[64]」と記したことや、カヴァリヨンの「木靴（下駄—引用者注）を履いているのでは、落着いて歩けない。[65]」という一文なども、同じ意味合いだと理解してよいでしょう。

このように、体に密着した日本の着物は人々の運動を極めて制限し、踵が固定されていない日常的な履物（草履・下駄）は歩行を困難にしていると西洋人は捉えていました。ただし、ここでいわれる着物とは、身丈が足首あたりまであるようなものを指しています。その長さゆえに運動に支障をきたしましたが、歩きやすい工夫が凝らされた日本の旅人の装いに関しては、西洋人は歩行を規制する要因としては捉えていません。

## 異文化体験にみる歩行の規制

幕末～明治初期に来日した西洋人の中には、日本の着物や履物を実際に着用して、その感想を書き残した者もいました。西洋人の和装体験として、ゴンチャロフの体験談をみておきましょう。ゴンチャロフは大沢豊後守という人物の屋敷を訪問した際、西洋風の靴ではなく「長靴」と「上ばき」、すなわち日本の「足袋」と「草履」を着用して会見に臨み、次のような出来事に遭遇しました。

「『上ばき、上ばき！』――と不意に誰かのささやきが聞える。見ると――私は長靴（足袋―引用者注）のままだ。上ばき（草履―引用者注）はどこへいったのか？　仲間たちを追って行くと、落後者は私一人ではなく、あちらこちらでうつ向いて上ばきを拾っている。（中略）お辞儀をしながら、ふと足もとを見ると――いまいましい上ばきがまた脱げてしまって、長靴の横に転がっている。[66]」

大沢豊後守の待つ部屋に向かう途中で、ゴンチャロフたちの草履は何度も脱げてしまったそうです。この体験談から、踵が固定されていない日本の草履が、彼ら西洋人にとって歩きにくい履物だったことがわかります。もちろん、草履が脱げたのは、この履物が日頃履いている「靴」とは全く異なる構造だったことに対する戸惑いと受け取ることもできるでしょう。しかしそれ以上に、このエピソードは、彼らの歩行が、鼻緒を足先にかけて進むような日本人の歩行（引き摺り足・爪先歩行）とは異質だったことを示しているような気がしてなりません。

ほかにも、華族女学校の女性教師ベーコンは「家のなかでは日本の着物をいつも着ていますが、歩きにくいので外出するときは見苦しい白い洋服を着なければなりません。[67]」と述べ、実体験から女性の着物が歩行を規制していた点を指摘しています。和装はやはり西洋人にとって「歩きにくい」衣服だったのです。

一方、近世に西洋人と接触し、洋服を着用した日本人の記録もわずかながら今に残されています。日本人の洋装体験として、古くは天正一〇（一五八二）年に渡欧した天正遣欧使節に関する記録（『天正遣欧使節記』）が伝えられています。使節の一人である千々石ミゲルは、ヨーロッパの服装について、「それ（洋服―引用者注）に慣れなかったり、使ったことがなければ、いかにも不快かもしれない。しかし実際よく考えてみると、この服装から生じる利益は多い。第一、体のいかなる動作もこれに妨げられるということがない。[68]」との感想を抱きました。この文脈から、日本人が和服と比較したうえで洋服の動きやすさを実感している様子が見受けられます。ただし、この文献の原書は使節の記録に基づいてイエズス会のデ・サンデを中心に対話形式で編まれた創作で、天正一八（一五九〇）年にマカオで出版されたものです。そのため、イエズス会側の意図的な解釈が上記の文脈に反映されている可能性も否めません。

次に、幕末期に播磨～江戸間を航海中に漂流し、米国船に救助されて渡米した浜田彦蔵の自伝に目を向けてみましょう。彦蔵は「生涯のうちで洋服を着たのは、これが初めてだった。からだがひどく窮屈なように感じた。でも洋服は自分の着物よりもはるかに暖かだったし、そのうえ仕事をするのに便利だ。[69]」とはじめての洋装体験を振り返ります。日頃和服を身にまとう日本人にとっても、洋服は「動作を妨げない」と感じさせる衣服だったといえるでしょう。日本の着物が、歩行を含む動作を強く規制していたことを相対的に理解できる事例です。

洋装は明治期以降に人々の間に普及していきますが、それがその後の日本人の歩行に影響を与えたであろうことは、フェルディナントの記述から知ることができます。

「日本人が長いフロックコートとシルクハット姿でいかめしく大股で歩き、ペコペコとお辞儀をしているかたわらに、別の日本人が伝統的な和服姿であらわれると、愉快というよりも、むしろ奇異に感じてしまう。わたしの目の前を、男や女が通り過ぎてゆく。よく見ると、伝統的風俗に忠実であり、休みなく扇をパタパタとあおぎ、草履や下駄をはき、小股で足早に歩いている。[70]」

フェルディナントは、洋服と和服が許容する歩き方を、それぞれ「大股」「小股」という言葉を用いて対比的に表現したのです。

## 旅人の装いにみる歩行規制の緩和

これまで述べてきたように、かつての日本人の歩行は着物や履物に強く規制されていましたが、日常的にそのような装いで生活した人々であっても、時として服装から受ける規制を和らげる工夫が必要とされました。その好例が、本書のメインテーマである旅の場面です。第1章で取り上げたように、徒歩が主な移動手段だった当時は、旅人は毎日のように長距離（概ね三五㎞平均）を歩きました。

それでは、かつての旅人はどのようにして着物や履物から受ける規制を緩和させたのでしょうか。ツュンベリーは日本の着物が「歩いたり、旅をしたり、風のある悪天候の時や、日常の仕事をするさいには、動きにくく邪魔となる(71)」と述べたうえで、「肌につける股引は、旅人や武士以外は滅多に用いない。彼らは敏捷に歩いたり走ったりするために、着物を短く端折って裾をまくり上げて(72)」いたと観察しています。また、ブラックも幕末期の旅の様子を、「平民達は歩きやすいように、着物を端折り、大部分の者はかなり容易に旅していた。(73)」と記録しました。長距離を歩くために、動きを特に妨げる裾の部分をまくり上げ、股引を着用するなどといった工夫がなされていたのです。(74)

長距離歩行のための工夫は履物にも施されていました。それは草鞋（わらじ）の着用に他なりませんが、この履物はツュンベリーが「旅をする時は藁で撚った三本の紐がついた草鞋を用意する。その紐で草鞋が脱げないよう、足と脚にきつく縛る。(75)」と記したように、踵が固定されていない草履とは違って台座に足がしっかりと固定されたものでした。草鞋の効果は、スミスが「わらでできたひもによって足首

図２－１　旅人の基本的な装い

出典：蔀関月編・画「伊勢参宮名所図会」（1797）『日本名所図会全集11』名著普及会、1975、p. 74より。

にしっかりと結ばれており、速くしかも楽に歩くことができる。[76]」と賞賛し、スエンソンも「身体の動きが自由にとれる[77]」と書いたように、外国人によっても理解されていました。

図２－１は『伊勢参宮名所図会』の挿絵に描かれた旅人の装いに、筆者が説明を追記したものです。

このようにして、着物や履物による歩行の規制が和らぎましたが、それが旅人の歩き方を際立って変えていたかどうかは定かではありません。しかし、着物の裾をたくし上げることによって可動域が広がり、通常よりも歩幅を大きくとることが可能になったと考えられます。天保四（一八三三）年に刊行された旅行案内書には、雨天時に滑らないための歩き方として次のような注意書きが記されていました。

「足をそろえて一足とびに飛やうにいかにも細にあるくべし、決してすべる事なし、常の如くおほまたにあるく時は留るあしにのみ力のこりてふみ出す足にちからなければ必すべる、一足あるきにふみ出すときは左右の足に惣身の力入るゆゑすべることなし」(78)

これは雨天時には小股で歩くように促した一文ですが、「常の如くおほまたにあるく時は」とあることから、旅の道中では着物から受ける動作の制約が緩和されたために、ある程度「大股」での歩行が可能だったと想像することもできるでしょう。

## 歩行の習性

西洋人は日本人の歩行の特徴を見事に観察していましたが、彼らの中には歩き方にとどまらず歩行に関する習性まで書き留めた人物がいました。その代表的な存在がモースです。

モースは東京で町行く人々の歩行の習性を、「男も女も子供も、歩調をそろえて歩くということを、決してしない。(中略)我国では学校児童までが、歩調をそろえるのに、日本人は歩くのに全然律動が無いのは、特に目につく。我々は直ちに日本人が、我国のように一緒に踊ることが無いのに気がつく。[79]」と観察しています。また、モースは東京の人々について、「反射運動というようなものは見られず、我々が即座に飛びのくような場合にも、彼等はぼんやりした形でのろのろと横に寄る。日本人はこんなことにかけては誠に遅く、我々の素速い動作に吃驚（びっくり）する。[80]」と記録しました。モースが来日した一九世紀末頃の東京人には、少なからずこのような習性があったのでしょうか。

ここで、明治初期の日本人の服装を観察したボヌタンの記述を引いておきましょう。

「現在上流階級の日本人は、完全に我々と同じ服装をしている。（中略）庶民と農夫だけが、一部ではあるが、昔の装いを守っている。つまり《着物》という、興味ある柄の、色物の綿布の長衣と股引の姿である。男の着物としての絹は、日ごとに見られなくなってきている。だが履物の方は依然守られている。藁の草履、《せった》それに《下駄》である。[81]」

また、カヴァリヨンは同時期の東京で「ヨーロッパ的な服装をしている国の役人を除いて、我々の服を採用しているのは、殆ど案内人だけと言ってよい。[82]」と記し、クロウも「ほとんどすべての日本人は、男も女も高い木の下駄をはいている。[83]」と書きました。

当時、洋装は上流階級を除く一般の人々にはそれほど普及しておらず、とくに履物は草履や下駄がまだ主流だったのです。日本人の歩行が着物や履物に強く規制されていた時代、モースのいう「歩くのに全然律動がない」、「反射運動というようなものは見られず」などといった習性も、どうやら洋装の普及状況と関係がありそうです。

〈注記および引用・参考文献〉


（1）渡辺京二『逝きし世の面影』平凡社、二〇〇五、一八一一九頁

（2）立川昭二は、天明期（一七八一〜八九）と明治一九（一八八六）年の日本人男女の身長を比較して、この約一〇〇年間で、日本人の体格に際立った変化が見られなかったことを指摘しています（立川昭二「日本人のからだに見る一〇〇年」『中央公論』一〇〇巻一二号、一九八五、六五九頁）。したがって、本章で対象とする幕末〜明治初期には、体格に起因して日本人の歩行の様態が著しく変化したことはなかったと考えられます。

（3）渡会公治「『ナンバ』歩きを考える」『トレーニング・ジャーナル』二五三号、二〇〇〇、六九頁

（4）武智鉄二『舞踊の芸』東京書籍、一九八五、一四八一一四九頁

また、手の振りについては「能や狂言を見ても分かるように、原則的に、腕は垂直にさげられたまま、足だけで歩行するのである。」（武智鉄二「伝統と断絶」『伝統と断絶（新装復刻）』風塵社、一九八九、二七頁）と指摘しています。

（5）武智鉄二『舞踊の芸』東京書籍、一九八五、二七三一二七四頁

（6）蘆原英了「ナンバン」『舞踊と身体』新宿書房、一九八六、三〇九一三一三頁

（7）多田道太郎『しぐさの日本文化』筑摩書房、一九七二、一六四頁

（8）高取正男『日本的思考の原型』講談社、一九七五、一三三頁

（9）野村雅一『しぐさの世界』日本放送出版協会、一九八三、一四頁

（10）野村雅一『身ぶりとしぐさの人類学』中央公論社、一九九六、一八頁

(11) 三浦雅士『身体の零度』講談社、一九九四、一二六―一六八頁

(12) 甲野善紀『武術の新・人間学』PHP研究所、一九九五／養老孟司・甲野善紀『古武術の発見』光文社、二〇〇三など

(13) 斎藤孝『身体感覚を取り戻す』日本放送出版協会、二〇〇〇、三四―五〇頁

(14) 野々宮徹「ヨーロッパ文化が日本のスポーツ文化に与えた影響――走法や体操法にみられる例を中心として――」『シルクロード・奈良国際シンポジウム記録集Vol.3「シルクロードとスポーツ」』シルクロード学研究センター、一九九七、九七―一〇一頁

(15) 稲垣正浩「近代の身体概念――『歩行』運動の分析をとおして――」『身体論――スポーツ学的アプローチ――』叢文社、二〇〇四、一一一―二五九頁

(16) 河野亮仙「舞踊と武術――アジアの身体文化――」『身ぶりと音楽』東京書籍、一九九〇、一四一頁
また、河野は別著において「なんばは山歩き、ぬかるみ歩きなどの日常生活の動作に還元すべきではないか」(河野亮仙「舞踊・武術・宗教儀礼　芸能と祭りの身体論へ」『叢書・身体と文化　第一巻　技術としての身体』大修館書店、一九九九、二〇五頁)との見解を示しています。

(17) 中房敏朗「『ナンバ』考――歩き方にみる日本的特性――」『仙台大学紀要』二八巻一号、一九九六、二三―三一頁

(18) 木寺英史『本当のナンバ　常歩』スキージャーナル、二〇〇四

(19) バルザック「歩きかたの理論」山田登世子訳『風俗のパトロジー』新評社、一九八二、七九―一四六頁

(20) 岸野雄三『体育史』大修館書店、一九七三、六七頁

(21) 野村雅一『身ぶりとしぐさの人類学』中央公論社、一九九六、一三―一四頁

(22) モース「身体技法」有地亨・山口俊夫訳『社会学と人類学Ⅱ』弘文堂、一九七六、一二一―一五六頁

(23) 足を引き摺って歩くという形態を表現するうえでは、「すり足」という文言が適当であるようにも思われます。

しかしながら、「すり足」は既に伝統演劇の基本形を意味する専門用語として認知されているため、以下本章では、混乱を避けるべく「引き摺り足」という文言を用いて当該の歩行形態を表現します。

(24) マクドナルド「日本回想記」(一九二三)富田虎男訳『マクドナルド「日本回想記」インディアンの見た幕末の日本』刀水書房、一九七九、一五三頁

(25) ハイネ「世界周航日本への旅」(一八五六)中井晶夫訳『ハイネ　世界周航日本への旅』雄松堂出版、一九八三、一四〇頁

(26) ギメ「1876ボンジュールかながわ」(一八七八)青木啓輔訳『1876ボンジュールかながわ』有隣堂、一九七七、二四頁

(27) マローン「日本と中国」(一八六三)眞田収一郎訳『マローン　日本と中国』雄松堂出版、二〇〇二、四九頁

(28) ロチ「秋の日本」(一八八九)村上菊一郎・吉永清訳『秋の日本』角川書店、一九五三、六五頁

(29) 武智鉄二「演劇伝統論」『定本・武智歌舞伎⑥演劇研究』三一書房、一九八一、三四六頁

(30) ツュンベリー「江戸参府随行記」(一七九三)高橋文訳『江戸参府随行記』平凡社、一九九四、二三六―二三七頁

(31) スミス「日本における十週間」(一八六一)宮永孝訳『スミス　日本における十週間』雄松堂出版、二〇〇三、九八頁

(32) ロチ「日記」(一八八五～一九〇一)船岡末利訳『ロチのニッポン日記――お菊さんの奇妙な生活――』有隣堂、一九七九、一八五頁

(33) 時代は下って昭和初期になってもサンソムが「通路を歩くとカタカタという下駄は……」などと記しています(サンソム・大久保美春訳『東京に暮す』岩波書店、一九九四、一〇四頁)。

(34) ハーン「東洋の土を踏んだ日」仙北谷晃一訳『小泉八雲作品集一――日本の印象――』河出書房新社、一九七七、一八頁

(35) フロイス「日欧文化比較」(一五八五編集)岡田章雄訳『アビラ・ヒロン日本王国記 ルイス・フロイス日欧文化比較』岩波書店、一九六五、五一八頁
(36) 潮田鉄雄『ものと人間の文化史八 はきもの』法政大学出版局、一九七三、二一三頁
(37) 野村雅一『身ぶりとしぐさの人類学』一三頁
(38) ハーン「日本の風土」平井呈一訳『外国人の見た日本 第三巻 明治』筑摩書房、一九六一、二九頁
(39) 野村雅一『身ぶりとしぐさの人類学』一二頁
(40) ゴンチャロフ「フレガート・パルラダ」(一八五七)高野明・島田陽訳『ゴンチャローフ 日本渡航記』雄松堂出版、一九六九、四六三頁
(41) マローン、前掲書、四九頁
(42) バード「日本紀行」(一八八〇)楠家重敏・橋本かほる・宮崎路子訳『バード 日本紀行』雄松堂出版、二〇〇二、二二二頁
(43) ロチ「日記」一八五頁
(44) ハイネ、前掲書、一三九頁
(45) シュリーマン「今日の中国と日本」(一八六七)藤川徹・伊藤尚武訳『シュリーマン 日本中国旅行記』雄松堂出版、一九八二、一〇一頁
(46) バード、前掲書、二三頁
(47) ボードヴァン・フォス美弥子訳『オランダ領事の幕末維新 長崎出島からの手紙』新人物往来社、一九八七、三七頁
(48) バード、前掲書、二二頁
(49) ハイネ、前掲書、一三九頁
(50) ギメ、前掲書、二四頁

(51) ロチ「秋の日本」(一八八九) 村上菊一郎・吉永清訳『秋の日本』角川書店、一九五三、六一頁
(52) ロチ「日記」(一八八五〜一九〇一) 船岡末利訳『ロチの日本日記――お菊さんとの奇妙な生活――』有隣堂、一九七九、一八五頁
(53) ハイネ、前掲書、一三九頁
(54) マローン、前掲書、四九頁
(55) ヴェルナー・金森誠也・安藤勉訳『エルベ号艦長幕末記』新人物往来社、一九九〇、七三頁
(56) バード、前掲書、二二一―二二三頁
(57) ロチ「秋の日本」(一八八九) 村上菊一郎・吉永清訳『秋の日本』角川書店、一九五三、六五頁
(58) ハーン「日本の風土」二九頁
(59) ブスケ「日本見聞記」(一八七七) 野田良之・久野桂一郎訳『ブスケ　日本見聞記一　フランス人の見た明治初年の日本』みすず書房、一九七七、六二頁
(60) マローン、前掲書、四九頁
(61) カッテンディーケ「長崎海軍伝習所の日々」(一八六〇) 水田信利訳『長崎海軍伝習所の日々』平凡社、一九六四、七五頁
(62) コバルピアス「メキシコ天文観測隊日本旅行記」(一八七六) 大垣貴志郎・坂東省次訳『ディアス・コバルピアス日本旅行記』雄松堂出版、一九八三、五〇頁
(63) コバルピアス、前掲書、五一頁
(64) バード、前掲書、二三頁
(65) カヴァリヨン「二五四日世界一周」(一八九四) 森本英夫訳『モンブランの日本見聞記――フランス人の幕末明治観――』新人物往来社、一九八七、一八一頁
(66) ゴンチャロフ「フレガート・パルラダ」(一八五七) 高野明・島田陽訳『ゴンチャローフ　日本渡航記』雄松

堂出版、一九六九、二四二―二四三頁

（67）ベーコン「日本の内側」（一八九四）久野明子訳『華族女学校教師の見た明治日本の内側』中央公論社、一九九四、二〇三―二〇四頁

（68）デ・サンデ「天正遣欧使節記」（一五九〇）泉井久之助訳『デ・サンデ　天正遣欧使節記』雄松堂出版、一九六九、五八―五九頁

（69）浜田彦蔵「アメリカ彦蔵自伝」（明治二〇年代）山口修・中川努訳『アメリカ彦蔵自伝一』平凡社、一九六四、六二頁

（70）フェルディナント「世界旅行日記」（一八九五・九六）安藤勉訳『オーストリア皇太子の日本日記――明治二十六年夏の記録――』講談社、二〇〇五、二一―二二頁

（71）ツュンベリー、前掲書、二三六頁

（72）ツュンベリー、前掲書、二三四頁

（73）ブラック「ヤング・ジャパン」（一八八〇）ねずまさし・小池晴子訳『ヤング・ジャパン一』平凡社、一九七〇、一四三頁

（74）小田切毅一も股引を庶民の活動的な行動に適した着衣として位置づけています（小田切毅一「着物社会が許容するスポーツ行動――葛飾北斎『漫画』をてがかりに――」『体育・スポーツ史研究への問いかけ』清水重勇先生退官記念論集刊行会、二〇〇一、四四頁）。

（75）ツュンベリー、前掲書、二三七頁

（76）スミス、前掲書、九八頁

（77）スエンソン「江戸幕末滞在記」（一八六九～七〇）長島要一訳『江戸幕末滞在記』新人物往来社、一九八九、七九頁

（78）平亭銀鶏「江の島まうで浜のさゞ波」（一八三三）『道中記集成　第二五巻』大空社、一九九六、二〇二頁

(79) モース「日本その日その日」(一九一七) 石川欣一訳『日本その日その日三』平凡社、一九七一、二一八頁
(80) モース「日本その日その日」(一九一七) 石川欣一訳『日本その日その日一』平凡社、一九七〇、一二三頁
(81) ボヌタン「極東」(一八八七) 森本英夫訳『モンブランの日本見聞記――フランス人の幕末明治観』新人物往来社、一九八七、一〇八頁
(82) カヴァリヨン、前掲書、一八〇頁
(83) クロウ「日本内陸紀行」(一八八三) 岡田章雄・武田万里子訳『クロウ 日本内陸紀行』雄松堂出版、一九八四、一五頁

第3章

# 街道の必須アイテム「棒」

## 使い道と身体技法

「もしこのままにしておいたら、たいていの人は忘れるであろう。そうして前代日本人の、いろいろの苦心と経験とが、わからなくなるであろう。[1]」。民俗学者の柳田國男が「棒の歴史」という論稿の中で書き残した言葉です。古来より日本の旅人は、一本の棒[2]を杖にしたり、物を引っ掛けて運んだり、休息用の便利グッズにしたりと、巧みに使いこなしてきた歴史を持ちます。似たような形状の道具を使っていても、そこには使い道に応じた合理的な棒の操り方が存在しました。かつての日本人は、棒をめぐる多様な身体技法[3]を習得していたのです。

全国各地からたくさんの日本人が伊勢神宮を目指し歩いて旅した時代、旅人の一日あたりの歩行距離は平均で三五km前後、長い時には七〇kmにおよぶこともありました。近世の日本人は、現代の私達よりもはるかに健脚だったのです。近世の街道で育まれた日本の歩行文化が、棒というシンプルな道具にまつわるバラエティに富んだ使い道と身体技法を生み出したといえるでしょう。

こうした日本人の民族性に根差した運動文化は、現代の日本ではリアルタイムで確認することは難しく、かつて柳田が懸念したように今や忘れられた身体技法だといわざるを得ません。しかし、ますます国際化が進む今日、「日本人とは何か」を改めて考えてみる時、古来の日本人が経験を積み重ねて生み出した身体技法を知ることは、何かしらの手掛かりとなるはずです。そこで本章では、近世後期の街道を舞台に、行き交う人々の棒の使い道や身体技法について探ることにしましょう。(4)

このような問題を取り上げた主な研究として、柳田國男の「棒の歴史」(5)と川田順造の『運ぶヒトの人類学』(6)をあげることができます。いずれも、棒を用いた「運搬」の解明に主眼を置いた論稿ですが、ここではもう少し範囲を広げ、棒の使い道として、杖・運搬・休息の三パターンを取り上げます。

## 1 杖

### 旅人の杖の携行率とその目的

近世後期の街道を題材とした絵画には、杖を手にした旅人が頻繁に登場します。一体、どの程度の割合の旅人が杖を持って歩いていたのでしょうか。絵画史料の数量的な分析を通して見当をつけることにしましょう。

杖の携行率を探るために用いるのは、近世後期にかけて数多く出版された名所図会です。名所図会とは「実景描写の挿画を多数加えた地誌風な読み物」[7]のことですが、その写実的な挿絵には名所旧跡などの風景だけではなく、旅人の装いも事細かに描き込まれています。原則として、名所図会には話しの筋立てはほとんどなく[8]、その挿絵にも物語性が入り込む余地は少ないので、当時の旅装がありのままに近い姿で描写されていると解釈できます。従来の研究は、ここに名所図会の史料的価値を見出してきました[9]。

近世にはたくさんの名所図会が世に送り出されましたが、本章では挿絵の中に旅人の姿が比較的多く描かれているという理由で、『拾遺都名所図会』（一七八七）、『東海道名所図会』（一七九七）、『伊勢参宮名所図会』（一七九七）、『江戸名所図会』（一八三四）を選びました。名所図会の挿絵には「名所」を鳥瞰したものも多く、旅人の存在は確認できても、あまりにも小さく肉眼レベルでは判別できないケースも少なくありません。そこで本章では、それぞれの名所図会に載っている挿絵の中から、旅人の姿が描かれていて、なおかつ杖の携行も含めた旅装が判別できる挿絵を分析対象とします（例えば図3－1）。

こうした前提を踏まえ、名所図会に描かれた旅人がどのくらいの割合で杖を持っていたのかを整理したものが表3－1です。これによると、男性の杖の携行率は高くても三割程度です。男性の旅人は、思いのほか杖を常用していなかったことがうかがえます。近世の旅人が用いた杖の中には、庶民

図３－１　旅人の杖携行の模様を描いた名所図会の挿絵

出典：蔀関月編・画「伊勢参宮名所図会」（1797）『日本名所図会全集11』名著普及会、1975、p. 5より。

層に流行した西国巡礼の「巡礼杖」や、四国八十八ヵ所で弘法大師の象徴として道者が手にした「遍路杖」がありますが、いずれも歩行をサポートする意味合いよりも宗教的な色彩を帯びていました[10]。また、近世には若者や遊里通いの男性が持つアクセサリーとして杖が何度も流行しているので[11]、ファッション感覚でお洒落のために杖を携行した旅人も含まれていたはずです。男性の旅人にとって、杖は長距離の歩行をサポートする道具としてはほとんど機能していなかったのかもしれません。

一方、名所図会に描かれた女性の杖の携行率は、男性よりも明らかに高い数値を示しています。女性が毎日のように長距離を歩くためには、歩行の助けとなる杖が必要不可欠だったという側面はあったはずです。だからといって、女性が歩行の補助のためだけに杖を手にしたと見なすことは、少し勇み足ではないでしょうか。もしも、女性が男性よりも旅装の美的側面に気を配っていたとすれば、杖もお洒落の一環だったと考えることもできるからです。

表3－1　名所図会に描かれた杖を持つ旅人の割合

| 史料名 | 旅人の人数（人） | | | 杖の携行 | | | | | |
|---|---|---|---|---|---|---|---|---|---|
| | | | | 男性 | | 女性 | | 計 | |
| | 男性 | 女性 | 計 | 人数 | 割合 | 人数 | 割合 | 人数 | 割合 |
| 拾遺都名所図会 | 53 | 10 | 63 | 18 | 33.9% | 6 | 60.0% | 24 | 38.0% |
| 東海道名所図会 | 25 | 4 | 29 | 4 | 16.0% | 3 | 75.0% | 7 | 24.1% |
| 伊勢参宮名所図会 | 202 | 53 | 255 | 68 | 33.6% | 32 | 60.3% | 100 | 39.2% |
| 江戸名所図会 | 71 | 14 | 85 | 12 | 16.9% | 6 | 42.8% | 18 | 21.1% |
| 合計 | 351 | 81 | 432 | 102 | 29.0% | 47 | 58.0% | 149 | 34.4% |

出典：上記の表は、次の名所図会を参考にしています。

秋里籬島編・竹島春朝斎画「拾遺都名所図会」（1787）『日本名所図会全集13』名著普及会、1975。

秋里籬島編・竹島春朝斎ほか画「東海道名所図会」（1797）『日本名所図会全集5、6』名著普及会、1975。

蔀関月編・画「伊勢参宮名所図会」（1797）『日本名所図会全集11』名著普及会、1975。

斎藤月岑ほか編・長谷川雪旦画「江戸名所図会」（1834）『日本名所図会全集1～4』名著普及会、1975。

## 杖の入手方法

旅人はどのようにして杖を手に入れたのでしょうか。都市の貨幣経済が街道筋にも浸透していた近世後期には、旅人は道中で起こる大抵の事柄を金銭を支払って解決することができました。そのため、旅人は何らかの方法で杖を購入していたと推測されます。

旅人の物品購入事情がわかる恰好の史料が、旅人自らが道中の行動や旅費の使い道を記録した旅日記です。筆者がこれまで収集した旅日記の中に、道中の杖の購入履歴が記載されたものがわずかに存在します。文化七（一八一〇）年に鍛冶屋村（神奈川県湯河原町）から伊勢参宮の旅をした農民男性の旅日記です。この旅日記には、松坂宿（三重県松坂市）の地点で「五十文　杖代」[12]とあり、五〇文で杖を購入したことが記されています。

そうなると、旅人がどのような方法で杖を購入したのかが気になりますが、旅日記の文面からそれを知ることはできません。名所図会をはじめとする近世後期の浮世絵を見ても、杖の販売のヒントになるような描写を探り当てることはできず、店舗で販売していたのか、路上に売り子が存在したのか、あるいは旅籠や茶屋で訪問販売が行われていたのか、実際のところは不明です。

筆者が知る限りでは、杖の購入記録が確かめられるのは先の史料だけです。史料に記録がないからといって、街道で杖が販売されていなかったと判断することはできませんが、当時の街道筋では、杖は一般的に金銭を支払って手に入れるような代物ではなかったのかもしれません。あるいは、旅人の杖は往復で数千㎞におよぶ歩行にも適した耐久性を備えていて、居住地を出発する時点で一本持っておけば十分だったために、旅の途中で購入する必要はなかったという可能性もあります。

## 2 肩運搬での棒使い

日本の絵巻物や屏風絵に描かれた運搬法の割合をカウントした研究があります。平安末期〜室町中期は頭上運搬が二〇％、肩運搬が四〇％、背負い運搬が四〇％だったそうですが、江戸後期にかけては頭上運搬が二〇％、肩運搬が五五％、背負い運搬が二五％となり、肩運搬を描く比率が著しく高まったと報告されています。(13) 多くの場合、肩で物を担いで運搬する際には棒が用いられますので、近世の物資運搬を語るうえで棒がいかに重要であるのかが理解できるはずです。

日本の棒を用いた肩運搬には、①棒の片端に軽い荷をつけて一人で担ぐ、②棒の中央に重い荷をつけて前後二人で担ぐ、③棒の両端に重い荷をつけて一人で担ぐという三パターンがありました[14]。以下では、この三種類に注目して、物を運搬する時の棒の使い道と身体技法の問題を考えてみることにしましょう。

## スピーディーに荷物を運ぶ飛脚の身体技法

街道で、棒の片端に軽い荷をつけて一人で肩に担ぐタイプの運搬を実践していたのが飛脚[15]です。近世の飛脚には、騎乗して馬荷を輸送する「宰領(さいりょう)飛脚」と、自らの足を頼りに荷物運搬を請け負う「走り飛脚」が存在しましたが[16]、ここで取り上げるのは走り飛脚の方です。この走り飛脚も、常に走っていたわけではなかったようですが、本章では彼らの走行場面に見られた身体技法を取り上げることにします（図3－2・図3－3）。

飛脚の運搬では、荷物を括り付けた棒を斜めに肩にかけることが通常の走行姿勢でした。柳田によると、この運搬法は背負い運搬と比べると「物を背に負う者が一歩々々、足を踏みしめて道をあるく習いであるに反して、この方（飛脚の運搬形態―引用者注）は奇妙に早足で行くことができた[17]。」という特徴があったようです。飛脚の走り方は、スピーディーに荷物を運ぶための合理的な身体技法だったといえるでしょう。

近世の日本では「走る」という運動が特殊技能だったと見なして、飛脚の走行の身体技法に着目したのが演劇評論家の武智鉄二でした。第2章で取り上げたように、武智は近世の日本人の歩き方が半身姿勢に基づくナンバだったと論じています。飛脚の走行についても、「飛脚が走ることがあるが、このときも、足を後へ高くあげ、手を横に振り、ナンバの姿勢のままで走る。(18)」、「日本の伝統的な駆け足には、ストライドもなく、遠心力の利用もなく、また加速のために手をふるような補助行為もない。(19)」などと解説しました。武智によれば、飛脚の走法では半身（ナンバ）の姿勢が保たれ、現代

図3－2　飛脚の走行①

出典：歌川広重画「東海道五拾三次之内　平塚縄手道」国立国会図書館デジタルコレクションより。

図3－3　飛脚の走行②

出典：葛飾北斎画「富士百選　暁ノ不二」国立国会図書館デジタルコレクションより。

人の走行のように左右の足を前に大きく踏み出したり、腕を前後に振って反動をつけたり、遠心力を利用してカーブを曲がるような動作は見られなかったことになります。

武智の見解は、近世の浮世絵（図3-2・図3-3）と照らし合わせることで真実味を帯びてきます。いうまでもなく、浮世絵は静止画像なので、そこから飛脚の「動き」を正確に探り当てることはできません。しかし、描き手が異なる複数の絵画史料の中に、半身で足を後ろへ高くあげて走る飛脚の姿が共通して描写されていることは注目すべきです。これが、当時の画家の間で共有されていた走行場面を示す記号表現[20]（約束事）だった可能性は否めませんが、飛脚の走り方は現代と異なる特徴を持っていたと考えて差支えはないはずです。

その特徴の一つが「片踏み」という走り方です。運動生理学やバイオメカニクスを専門とする小田伸午によれば、片踏みとは「半身姿勢を保ったまま、片方の脚で身体を押し進め、反対の脚でバランスをとるような感じの動き[21]」だそうです。左右の足は同じ歩幅ですが、半身姿勢のまま走行するため前の足が大きく振り出されるように見えます[22]。

図を見る限り、飛脚の走行は着物から制限を受けていたようには思えませんが、履物から受ける影響は大きかったようです。小田は、飛脚が履いた草鞋の形状は必然的に「蹴らない」走り方を促し、その足運びは「踏みつけて乗ってゆき、さっと離れる動き」だったと類推しています[23]。このように、日本古来の履物が走り方や歩き方に影響を与えていたことは、かねてから柳田國男が指摘していたポ

イントでもありました。(24)

ところで、飛脚の半身の走法には疲労軽減の効果もあったそうです。(25)ほかにも、飛脚は疲労軽減のための工夫をしていました。例えば、走っている時に次々と目線のターゲットを変えること、調子を乱さないように呼吸を整えること（通常は息を一度吸って一度吐き、速度が上がると二度吸って二度吐く）、転倒防止や走行のリズムが不規則にならないように路面の小石を踏まないこと、などを重視したといわれています。(26)

## 揺れをおさえて運び手の負担を減らす駕籠かきの身体技法

近世の棒を使った運搬のうち、棒の中央に重い荷をつけて前後二人で担ぐ方法の代表例が駕籠運搬です。ここでは、旅人を駕籠に乗せて走った「駕籠かき」の身体技法を見ていくことにしましょう。

駕籠かきの走法は、飛脚と同じく半身姿勢を保った片踏みでした。このような駕籠運搬の特徴を織田淳太郎は以下のように解説しています。

「両足を交互に前に出すのではなく、つねに一方の足を前方、もう一歩の足を後方に置くことで、半身姿勢を維持していくという走りの形態である。これがなぜ効率的なのか。ひとつには駕籠の揺れを最小限に留めることができ、したがって中の客人が揺れに悩まされることも少ない。さらに、それによって、駕籠かき職人の肉体的負担が軽減されることに尽きるだろう。[27]」

半身姿勢で棒を担ぐ片踏みとは、駕籠の揺れを抑えるだけではなく、担ぎ手の身体的な負担も軽減する効果的な走り方でした。

駕籠運搬の身体技法をつぶさに観察し、日記に書き留めた人物がいました。アメリカ人の人類学者フレデリック・スタールです。スタールは大正四（一九一五）年に日本で一人旅を決行した際、箱根山中で乗った駕籠について下記のような見聞録を残しています。この見聞は大正時代のものですが、ほぼ同時期にイギリス人写真家のポンティングが撮影した箱根山中の駕籠の写真を見ると（図3－4）、当時はまだ近世的な駕籠運搬の風景が維持されていたと考えられます。

「前と後の駕籠やの頭の間に、一の仮説線を引いて見ると、この線は、道の伸びて居る方向とは平行しては居らぬ。むしろ対角線の関係になつて居る。だから乗つて居る客は、顔の向いて居る方向にすゝまないで、蟹のやうに、四十五度の角度で、横にむかつて進行する結果となるであらう。[28]」

スタールの実体験に基づく分析は、駕籠かきの身体技法を知る上で大きなヒントを与えてくれます。前後の駕籠かきを結んだ線は、街道の進行方向と平行関係ではなかったようで、駕籠の中にいたスタールは「四十五度の角度で、横にむかつて進行する」感覚を抱きました。駕籠かきが半身姿勢を保った片踏みの走法を実践していたなら、進行方向に対して駕籠にある程度の角度を付けて担ぐことが、担ぎ手にとって無理のない動作だったのではないでしょうか。

スタールの観察は、駕籠の走行角度に止まりませんでした。以下に引用する彼の見聞録は、駕籠かきの身体技法の特徴を欧米的な運動文化と比べながら導き出した興味深い証言です。

「私はまだこの息杖ほど、構造の簡単にして、然もその用途の万能なるものを見たことはない。駕籠屋は一歩々々に、息杖を地につき立て、行く。これは何等か巧妙なる方法によりて、担ひ棒から肩当て、肩当てから肩、肩から脚へと移行する重みを分解して、他に放散せしむる仕掛けであらう。と云つて、私の見たところでは、別に重みが息杖にかゝつて行くらしく思はれぬから、ますます珍妙と云ふべきである。それから杖の振り工合だが、これが又なく面白い。それはわれわれが歩く時手を振るごとく、前後に振られるのではなく、むしろ左右に、脚下から肩の辺まで、半円形に振らるゝのである。これが一足ごとに、器械的に繰返されるのだから、頗る奇観である。そしてこれと同時に、駕籠やの逞しい両脚は、捩(よ)れつ絡(もつ)れつするやうに見える。決して普通われわれがなす如く、真つ直に脚を、まへの方に運搬するのでは無い。これは矢張り脚で半円を描いて、其の間にどこかで、勢力を経済しやうとする工夫に相違ない。すなはち息杖と同一の原理に支配されて居るのであらう。[29]」

スタールの文章は、いくつかのポイントに分けることができます。ひとつは息杖の効果です。息杖とは、駕籠かきが持つ一本の棒のことで（図3－4・図3－5参照）、彼らの必須アイテムでした。[30] 彼らは一歩進むごとに息杖を地面に突き立てていたようですが、この行為が駕籠から受ける加重を分散させていたとスタールは分析しています。[31]

図3－4　箱根山中の駕籠かき

出典：ポンティング「この世の楽園・日本」長岡祥三訳『英国人写真家の見た明治日本――この世の楽園・日本――』講談社、2005、p. 300より。

二つめは駕籠かきの腕の振り方です。走行時の杖（片腕）は左右に半円を描くように振られていました。腕を前後に振って歩く慣習を持つ欧米人のスタールにとって、この身体技法は「奇観」にしか見えなかったようです。走りながら腕を前後ではなく左右に振ることは、日本人古来の走法の特徴として武智鉄二があげた点でもありました。[32]

三つめは駕籠かきの両脚の動きです。半身姿勢を保って両足の前後関係を崩さない片踏みの走法を目の当たりにし

図３－５　絵画史料に描かれた駕籠かき

出典：十返舎一九著・歌川国丸画『諸国道中金草鞋　十三編　善光寺参詣草津道中』国立国会図書館デジタルコレクションより。

たスタールは、「普通われわれがなす如く、真つ直に脚を、まへの方に運搬するのでは無い」ことに気が付き、「駕籠やの逞しい両脚は、捩れつ絡れつするやうに見える。」と表現しました。また、スタールにとって片踏みの走法は、脚で半円を描くように見えたらしく、これを息杖と同じく「勢力を経済（イコノマイズ）しやうとする工夫」だと理解したようです。スタールの異文化からの眼差しは、駕籠かきの走り方に秘められた効能を見抜いていました。

### 肩の重さに耐えるための両天秤運搬の身体技法

街道筋では、旅人の従者（図３－６）や現地の労働者（図３－７）が荷物を運ぶために天秤棒を担ぐことがありました。棒の両端に重い荷をつけて一人で担ぐパターンの運搬法です。ここでは、この運搬法を用いる担ぎ手を「天秤棒担ぎ」と呼ぶことにしましょう。

天秤棒担ぎも、飛脚や駕籠かきと同様に半身姿勢を保った片踏みを実践していました。天秤棒担ぎの片踏みについて、民俗学者の高取正男が詳細に解説しています。

「右で担ぐときは右肩を前に出して半身にかまえる。左足で地面を蹴って右足を前に踏みだすとき、左手を後に振ってはずみをつけ、右腰、右肩、右手を前に押しだし、このほうに力をいれて進む。（中略）西洋風に左足と右手、右足と左手を交互に前に出して歩いたら、いっぺんに腰がぬけ、荷物の重さにふりまわされ、身体の重心さえとれなくなる。右が得手なら右肩で棒を担ぎ、右足といっしょに右肩と右手を前に出す。半身にかまえ、右の腰を基軸に右足と右肩を同時に主導させ、右、左、右、左、と歩くと、棒のバネと腰のバネがはじめて一致し、重心が安定する。[33]」

図３－６　天秤棒を担ぐ従者

出典：十返舎一九著・歌川国丸画『諸国道中金草鞋　十三編　善光寺参詣草津道中』国立国会図書館デジタルコレクションより。

図３－７　街道筋で天秤棒を担ぐ労働者

出典：十返舎一九著・歌川国丸画『諸国道中金草鞋　十三編　善光寺参詣草津道中』国立国会図書館デジタルコレクションより。

このように、「西洋風」の身体技法では天秤棒の重みに耐えられませんが、半身姿勢のまま前方の腰を軸にして進むことでバランスのとれた運搬ができるのだそうです。

また、川田が「日本人の両天秤運搬では、天秤棒がしない、歩くにつれて、荷をつけた両端が軽く上下に揺れることによって、荷重全体は変わらなくとも、肩に感じられる重圧感が間歇的になる。[34]」と指摘するように、日本古来の天秤棒には肩にかかる荷重を減らす工夫が施されていました。柳田も同様に、「これ（天秤棒—引用者注）は担って行く者の足取りにつれて、両端が少しずつ上下に動き、その僅かの間だけ、肩を休めるように出来ている[35]」と述べ、「そういう動作のために荷物の吊縄がすべり落ちないように、丈夫な小さな突起が、棒の両端についている[36]」と説明しました。図3－7の絵画には、この「小さな突起」がわかりやすく描かれています。

天秤棒担ぎの片踏みの身体技法について、ここでも訪日外国人の証言を見ておきましょう。明治初頭に来日したオーストリアの外交官クライトナーは、日本の道端で遭遇した陶器や食料を天秤棒で運搬する「山間地の住民」の見聞録を書き留めています。

「荷物を担いでいる人たちは、裸に近い恰好だった。肩に竹の支柱をつけ、それにたいへん重い運搬籠を載せているので、その重みで支柱の竹筒が今にも割れそうだった。彼らの身のこなしは、走っているのか歩いているのか見分けのつかない態のものである。（中略）彼らは歩きながらも、締めつけられた胸の奥から仕事の歌を口ずさむ。喘ぎながらうたう歌は、左足が地面につく時、右足が大股に踏み出す力を奮いたたせる。[37]」（下線、引用者）

下線部に注目すると、クライトナーが見た天秤棒担ぎは、右前の半身姿勢で右足を「大股」に振り出して左足をその後方につける片踏みを実践していたと読み取れます。

以上、棒を用いた肩運搬について見てきました。飛脚、駕籠かき、天秤棒担ぎの運搬に共通しているのは、いずれも半身姿勢を維持した片踏みを実践していて、その身体技法が運搬時の疲労軽減の役割も果たしていたということです。近世後期の街道の棒を用いた肩運搬は、片踏みの身体技法を下敷きにして発達したといえるでしょう。

## 3　棒を使った休息方法

近世の街道では、棒は休息を取るためのアイテムとしても重宝され、それに応じた身体技法が存在していました。

図3－8　杖を支えに休息する旅人①

出典：斎藤月岑ほか編・長谷川雪旦画「江戸名所図会」『日本名所図会全集1』名著普及会、1975、p. 386より。

図3－9　杖を支えに休息する旅人②

出典：秋里籬島編・竹島春朝斎画「拾遺都名所図会」『日本名所図会全集13』名著普及会、1975、p. 282より。

### 旅人の場合

絵画史料の中には、棒を巧みに用いて立ち止まって休息する旅人の姿が散見されます。図3－8は『江戸名所図会』に描かれた関連シーンを切り取ったものです。身体の正面に突き立てた杖に体重をかけ、がに股で休息する旅人が描かれています。また、『拾遺都名所図会』には『江戸名所図会』と似た姿勢で休む旅人の隣に、杖を身体の横に突いて休息する旅人の姿も確認されますが（図3－9）、両者には杖に寄り掛かって休むという共通項があります。

明治三〇年代の日本を写したポンティングの写真集を見ると、この身体技法が絵空事ではなかったことがわかります。図3－10は地蔵の前で立ち止まる旅人を撮影したものですが、この旅人の姿は杖の位置や足の開き方からいっても、先の絵画史料と酷似しているからです。近世後期の街道では、杖を用いた休息の身体技法が一般化していたのではないでしょうか。

### 肩運搬の場合

肩運搬の際の休息姿勢はどうだったのでしょうか。名所図会（図3－11～3－13）には、駕籠かきと天秤棒担ぎが立った状態で休息する場面が描かれています。休息の度に荷物を地面に下ろしてしまうと、再び歩みはじめる際には、荷物を肩口まで持ち上げる力をもう一度使わなければなりません。そこで古来の日本人は、効率の良い休息の身体技法を編み出しました。立ち止まって休む際には、肩に担ぐ運搬用の棒の下に息杖を潜り込ませて支えにし、さらなる歩行に備えていたのです。担ぎ手が持つ息杖とは、走る時や歩く時だけではなく、休む時にも大きな役割を果たす便利グッズだったといえるでしょう。

図3－10　杖を支えに休息する旅人③

出典：ポンティング「この世の楽園・日本」長岡祥三訳『英国人写真家の見た明治日本―この世の楽園・日本―』講談社、2005、p.14より。

### 背負運搬の場合

本章では、棒を用いた運搬法と

図３－13　杖を支えに休息する天秤棒担ぎ

出典：蔀関月編・画「伊勢参宮名所図会」『日本名所図会全集11』名著普及会、1975、p. 121より。

図３－11　杖を支えに休息する駕籠かきと天秤棒担ぎ

出典：蔀関月編・画「伊勢参宮名所図会」『日本名所図会全集11』名著普及会、1975、p. 142より。

図３－12　杖を支えに休息する駕籠かき

出典：蔀関月編・画「伊勢参宮名所図会」『日本名所図会全集11』名著普及会、1975、p. 120より。

して肩運搬をクローズアップしましたが、街道筋で荷物を背負って運ぶ人々も、休息の際には棒を巧みに使っていました。

図３－14は『東海道名所図会』の挿絵の中から、大きな荷物を背負った男たちが路上で立ち止まって休憩している場面です。三人とも、地面に突き立てた棒の上に荷物を乗せる

格好で、再度の歩行に備えていることがわかります。『伊勢参宮名所図会』の挿絵にも、同様の身体技法で休む者たちが描かれています（図3－15）。

図3－14の画中左側には、遅れてやって来た背負運搬の男性が描かれていますが、右手にはT字状の棒を持っています。おそらくは、休息時に大きくて重い荷物を支えるために、この形状の棒を持ち歩いていたのではないでしょうか。[38]

図3－14　杖を支えに休息する背負運搬の労働者①

出典：秋里籬島編・竹島春朝斎ほか画「東海道名所図会」『日本名所図会全集5』名著普及会、1975、p. 22より。

図3－15　杖を支えに休息する背負運搬の労働者②

出典：蔀関月編・画「伊勢参宮名所図会」『日本名所図会全集11』名著普及会、1975、p. 31より。

〈注記および引用・参考文献〉

（1）柳田國男「棒の歴史」『なぞとことわざ』講談社、一九七六、一三四頁

（2）辞書で「棒」を引くと、「細長い木・竹・金属などで、ふつう手に持てるほどの大きさのもの。」と説明されています（「棒」『明鏡国語辞典　第二版』大修館書店、二〇一〇）。

（3）フランスの社会学者モースは、日常の習慣的な身体動作には社会的あるいは文化的な影響が色濃く反映されていると指摘し、それを「身体技法」と表現しました（モース「身体技法」有地亨・山口俊夫訳『社会学と人類学Ⅱ』弘文堂、一九七六、一二一―一五六頁）。

（4）旅人が用いた道具や身体動作を知るための歴史資料として、本章では文書史料と並んで絵画や写真などの図像史料も積極的に活用します。史料としての図像の扱い方については、パノフスキー（浅野徹ほか訳『イコノロジー研究』美術出版社、一九七一）、ストラーテン（鯨井秀伸訳『イコノグラフィー入門』ブリュッケ、二〇〇二）、バーク（諸川春樹訳『時代の目撃者――資料としての視覚イメージを利用した歴史研究――』中央公論美術出版、二〇〇七）、黒田日出男（『姿としぐさの中世史』平凡社、一九八六／『絵画史料の読み方』朝日新聞社、一九八八／『歴史としての御伽草子』ぺりかん社、一九九六／「近世の図像学」『武蔵野美術』一一七号、二〇〇〇／「図像の歴史学」『歴史評論』六〇六号、二〇〇〇／『絵画史料で歴史を読む』筑摩書房、二〇〇四）らが提示する方法論から多くの示唆を得ました。

（5）柳田國男、前掲書、一〇八―一四一頁

（6）川田順造『運ぶヒトの人類学』岩波書店、二〇一四

（7）中村幸彦・岡見正雄・阪倉篤義編『角川古語大辞典　第五巻』角川書店、一九九九、六〇四頁

（8）林英夫編『日本名所風俗図会一七　諸国の巻Ⅱ』角川書店、一九八一、五六六頁

（9）名所図会の史料的な価値を高く評価したものとして、以下の論稿をあげることができます。千葉正樹『江戸名所図会の世界』吉川弘文館、二〇〇一／石川英輔『江戸のまかない大江戸庶民事情』講談社、二〇〇二／石川英

輔『ニッポンの旅』淡交社、二〇〇六／本渡章『大阪名所むかし案内』創元社、二〇〇六／福田アジオ「生活絵引編纂の世界的意義」『非文字資料から人類文化を読み解く』神奈川大学21世紀COEプログラム、二〇〇六、三六―四二頁／福田アジオ「『東海道名所図会』と生活絵引」『日本近世生活絵引――東海道編――』神奈川大学21世紀COEプログラム、二〇〇七、一〇五―一〇九頁

(10) 矢野憲一『ものと人間の文化史八八　杖』法政大学出版局、一九九八、一九〇―一九五頁

(11) 矢野憲一、前掲書、一六六頁

(12) 柏木（某）「(表題不明)」（一八一〇）『湯河原町史　第一巻』湯河原町、一九八四、五六七頁

(13) 須藤功編『写真でみる日本生活図引②　とる・はこぶ』弘文堂、一九八八、一〇六―一〇七頁

(14) 川田順造、前掲書、一一六頁

(15) 「飛脚」は辞典では「文書・金銭・小貨物などを送達する使いや人夫」（「飛脚」『精選版日本国語大辞典』小学館、二〇〇五）と説明されています。

(16) 巻島隆『江戸の飛脚――人と馬による情報通信史――』教育評論社、二〇一五、一九六頁

(17) 柳田國男、前掲書、一三一頁

(18) 武智鉄二『舞踊の芸』東京書籍、一九八五、一四九頁

(19) 武智鉄二『伝統と断絶（新装復刻）』風塵社、一九八九、三五―三六頁

(20) 黒田によれば、絵画史料の読解にあたっては、そこに表現されている事物がどのような約束事に基づいた記号表現ないしはイディオム（慣用表現）なのかを把握する必要があるといいます。それは時代や社会を超えて使われている場合もありますが、大半はその社会に適合した表現として用いられています（黒田日出男『絵画史料で歴史を読む』筑摩書房、二〇〇四、九頁）。また、黒田は絵画に描かれた事物を正確に把握し、記号やイディオムを読み解いていくための作業の一つとして「ほかの『絵画史料』のなかに、同じ図像やモチーフを探し求める」ことをあげ、この作業を通して「それらがどのような共通性を持っているのか」を明らかにしていくのが有

効だと説きました（黒田日出男『絵画史料で歴史を読む』筑摩書房、二〇〇四、一〇頁）。

(21) 小田伸午『運動科学――アスリートのサイエンス――』丸善出版、二〇〇三、一四九頁

(22) 木寺英史『本当のナンバ常歩』スキージャーナル、二〇〇四、三七頁

(23) 小田伸午、前掲書、一四八頁

(24) 柳田國男『明治大正史世相篇新装版』講談社、一九九三、五三頁

(25) 巻島隆『江戸の飛脚――人と馬による情報通信史――』教育評論社、二〇一五、二〇五頁

近世の飛脚の走法を分析した実験によれば、荷物を担いだ状態での飛脚の走法は現代的な走法と比べて運動負荷が高く「効率の悪い走法」と結論づけられました（木戸康裕・小木曽一之「飛脚の走法とその走力」『体育の科学』五五巻八号、二〇〇五、六四八頁）。ただし、飛脚の片踏みの走法が、彼らが職能として習得した特殊な身体技法であったとすれば、異なる生活様式を持った現代人を被験者とする実験では、その走法の真意までは解明できないといわざるを得ません。

(26) 「飛脚は石を踏まない」『上毛俗話第八集』上毛古文化協会、一九五三、一頁

(27) 織田淳太郎『ナンバのコーチング論』光文社、二〇〇四、一五六頁

(28) スタール「山陽行脚」（一九一七）山口昌男監修『お札行脚』国書刊行会、二〇〇七、二九五頁

(29) スタール、前掲書、二九五頁

(30) 喜田川守貞「守貞漫稿」『近世風俗志（五）（守貞謾稿）』岩波書店、二〇〇二、二四一頁

(31) スタールの見聞が箱根の山越えの場面であることには注意が必要です。石畳が敷かれ、急峻な山道だった箱根山中では、一歩ごとに杖を地面に突いて登ることが駕籠かきにとって合理的な動作だったと考えられるからです。したがって、平地では息杖を地面に突く動作は必要なかった可能性もあります。図3－5をはじめ、平地での駕籠運搬を描いた浮世絵の多くは、駕籠を吊るした棒と手の間に息杖が挟み込まれ、杖としての機能は発揮されていないように見えます。

(32) 武智鉄二「身体行動論――歌舞伎論序説――」『定本武智歌舞伎① 歌舞伎Ⅰ 武智鉄二全集 第一巻』三一書房、一九七八、一七七頁／武智鉄二『舞踊の芸』東京書籍、一九八五、一四九頁
(33) 高取正男『日本的思考の原型――民俗学の視角――』講談社、一九七五、一三〇―一三二頁
(34) 川田順造、前掲書、一一七頁
(35) 柳田國男「棒の歴史」『なぞとことわざ』講談社、一九七六、一三九頁
(36) 柳田國男「棒の歴史」一三九頁
(37) クライトナー「東洋紀行」(一八八一) 大林太良監修、小谷裕幸・森田明訳『東洋紀行一』平凡社、一九九二、二三七頁
(38) 柳田もこの休息方法に触れて、以下のような見解を示しています。
「越中越後などのボッカ（荷物を背負って山越えする労働者―引用者注）たちは、太い野球の棒のような、頭が撞木になりもしくは二股になったものを杖に突いていて、休む時にはそれで背の荷を支える。それを荷股ともニンボウとも、またニズンボウともいろいろの名で呼んでいる。」（柳田國男「棒の歴史」一一九頁）

# 第4章 旅の履物

自らの脚を頼りに旅した近世の人々が、長い距離を歩むための履物として選び採ったのが「草鞋（わらじ）」です。この履物は、旅人の健脚を支えた重要なアイテムでした。当時の旅は草鞋の存在を抜きにしては語れません。

ところが、これまでの近世旅行史研究では、草鞋をはじめとする「モノ」に対するアプローチは希薄でした。一方で、草鞋は民俗学の民具研究の対象として取り扱われてきたものの、それは必ずしも歴史の時間を軸にして語られてきたわけではありませんでした。

こうした動向の中で、旅人と草鞋を関連づけて論じた歴史研究がわずかに試みられています。独自の絵画史料論を展開した黒田日出男は、中世の絵巻物（『一遍上人絵伝』）を手掛かりとして、寺社門前や宿場町、峠などで旅人向けに草鞋が販売されていたことを明らかにし、これが中世的な交通を可能にした一つの条件だったと指摘しています(1)。

本章では、近世の旅に不可欠だった草鞋に目を向けてみましょう。具体的には、①近世の旅では草鞋はどのように位置づけられていたのか、②どのくらいの割合の旅人が草鞋を履いていたのか、③旅人はどこで草鞋を買ったのか、④草鞋はいくらで売っていてどの程度の耐久性があったのか、という疑問を順番に解き明かしていきます。

なお、本章では史料の制約上、庶民男性の旅を中心に取り上げます。

## 1　旅装としての草鞋の機能と重要性

辞書で「草鞋」を引くと、「労働や旅行の際に用いられる稲藁で編んだ履物の一種。[2]」と書かれています。ひとくちに草鞋といってもその種類は多岐にわたりますが、日本の草鞋は基本的に乳（台側面の緒を通す環）、カエシ（踵を固定する紐）、緒、台座で構成されています。[3] 関東地方をはじめ広く分布していた草鞋の形態は四乳草鞋（図4－1）でした。[4]

草鞋の着用方法は、台座の爪先から出ている二本の緒を二～三回撚って足指に挟み、緒は両側に分けて各々の乳やカエシに挿入して足首で結わきます。爪先で引っ掛けるだけの「草履（ぞうり）」とは違って、草鞋は踵と台座が固定されているので、長距離の歩行には適していました。

近世の訪日外国人の見聞録をみると「旅人が利用するものには、撚った二本の藁紐が付いているので足にしっかりと結ぶことができ、容易にぬげるようなことはない[5]」、「人夫や兵士や旅人たち、要するに脚を束縛なく自由に動かす必要のある人はみな、サンダル同様、靴の後部を足に結わえつけ、身体の動きが自由にとれるようにしている（草鞋のこと―引用者注[6]）。」などといった記録が確かめられます。

近世後期に刊行された旅行案内書の中にも、草鞋に関する注意書きが見受けられます。八隅蘆庵が文化七（一八一〇）年に著した『旅行用心集』には、「道中用心六十一ヶ条」の第一ヶ条目に「初て旅立の日ハ足を別而静に踏立　草鞋の加減等を能試　其二三日が間は所々にて度々休　足の痛ぬやうにすべし[7]」と記されています。旅の序盤は、「草鞋の加減」を確かめながら少しずつ歩むべきだと蘆庵は説いているのです。

図４－１　四乳草鞋

出典：潮田鉄雄「草鞋」『日本交通史辞典』吉川弘文館、2003、p. 946より。

また、蘆庵の著作に影響を受けた平亭銀鶏は、天保四（一八三三）年に『江の島まうで浜のさゞ波』を著しました。同書には、より具体的に草鞋を履いて歩く時の注意事項が記されています。銀鶏は、道中を三～四里（約一一・七～一五・六㎞）ほど歩いてみて草鞋に不具合が生じたら、直ちに紐を解いてもう一度履きなおすか、それが悪質な草鞋であれば履き替えるべきだといいました。また、値段を惜しまずに良質な草鞋を購入すべきことや、足に馴染まない草鞋を履き続けると「草鞋食い」を起こして足に負担がかかり、悪循環が生じると説きました[8]。

この草鞋食いとは「わらじの緒で足の皮がすりむけること」[9]ですが、草鞋は藁紐を足の甲と足首に結わく履物なので、藁と擦れ合って足を痛める危険性がありました。例えば、『東海道中膝栗毛』の中で「はきつけぬ草鞋で、コレ見や、あしぢうが豆だらけになった（中略）わらじのひもがくへこんだのだ。」[10]という場面が描写されているように、草鞋食いは決して珍しいアクシデントではなく、頻繁に起こり得る事態だったと思われます。

こうした危険性を回避するために工夫された草鞋も存在しました。安永四（一七七五）年来日のツュンベリーは「足の甲がこの紐で擦れないよう、その上にリンネルの布が巻かれているものもある。」[11]と記録しています。

以上述べてきたように、旅の移動が徒歩中心だった近世には、旅人の足に対する気配りは並々ならぬものがあり、そのような観点から履物としての草鞋も重要視されていたといえるでしょう。

## 2　旅人の草鞋着用の割合と街道筋の草鞋の販売

### どのくらいの旅人が草鞋を履いていたのか

ここでは、どのくらいの割合の旅人が草鞋を履いていたのかを知るために、名所図会の挿絵に手掛かりを求めて分析をしてみましょう。

表4－1　旅人（男性）の草鞋着用の割合

| 史料名（年代） | 旅人の数 | 草鞋の着用 | |
|---|---|---|---|
| | | 人数 | 割合 |
| 拾遺都名所図会（1787年） | 53人 | 46（1）人 | 88% |
| 東海道名所図会（1797年） | 25人 | 20（2）人 | 86% |
| 伊勢参宮名所図会（1797年） | 202人 | 125（72）人 | 96% |
| 江戸名所図会（1834年） | 71人 | 56（3）人 | 82% |

ここで用いる名所図会は、比較的多くの旅人の姿が描かれている『拾遺都名所図会』[12]、『東海道名所図会』[13]、『伊勢参宮名所図会』[14]、『江戸名所図会』[15]です。この四点の名所図会に掲載された挿絵の内容を読み取って、「人数」と「割合」を抽出して作成したものが表4－1です。ただし、挿絵の中に旅人の姿が確認できたとしても、その旅装が肉眼では確認し得ないほどに小さく描かれている場合があるので、その旅人は分析対象とした旅人の数（計三五一人）には含まれていません。「人数」部分の（　）内の数字は、旅人の装いは確認できるものの、人や建物の影に隠れて草鞋着用の有無を知ることができない人数を示したものです。

なお、上記四点の名所図会の挿絵に関していえば、女性の旅人は男性に比べて描かれ難いという特徴がみられることを理由に、男性だけをカウントしました。

表4－1によれば、どの名所図会にも八割から九割程度の旅人が草鞋を着用した状態で描かれていることがわかります。名所図会の挿絵が当時の旅の実情を反映しているとすれば、旅人の大半は草鞋を着用していたと見てよいでしょう。

ここで気になるのは、一割程度の割合で描かれた草鞋を着用していない旅人の存在です。絵画作品はその時代性や地域性を反映した一定の記号表現によって描かれていますが[16]、おそらく名所図会の挿絵では、草鞋は街道筋の旅人や肉体労働者を示す記号表現の一つだったと思われます。それでもなお、旅人らしき人物が草鞋を履かない姿で描かれていることは、道中の旅人が漏れなく草鞋を履いていたわけではなかったという可能性を想起させます。

名所図会に描かれた草鞋を履かない旅人は、一体何を履いていたのでしょうか。図4－2は『江戸名所図会』に所載の挿絵の一枚ですが、ここに描かれた三人は菅笠、脚絆、杖、脇差などを着用していることから、旅人だと判断できます。次に、彼らの足下に目を向けてみると、左から二人目までは足の甲と踵に紐が結わかれた草鞋を履いています。ところが、一番右側の旅人の足下を注視してみると、足に紐が結わかれている様子はなく鼻緒のみが描かれているのです。この旅人は草鞋ではなく「草履（ぞうり）」を履いていることになります。

図4－2　旅人の履物

出典：斎藤月岑ほか編・長谷川雪旦画「江戸名所図会」(1834)『日本名所図会全集2』名著普及会、1975、p. 677より。

関東地方に残る旅日記のうち『意雑紀』[17]『道中記』[18]『旅中日用記』[19]には草履の購入記録が確かめられるため、やはり道中で草履を着用した旅人が少数派ながらいたとみてよいでしょう。ただし、上記の旅日記には草履だけではなく草鞋の購入記録もみられるので、この旅人たちは終始草履だけを履き通したのではなく、草鞋と併用していたと考えるのが自然です。だとすれば、旅人はどのような場面で草鞋と草履を使い分けていたのかが気になりますが、そのことを知る手掛かりは現段階では得られていません。

## 旅人はどこで草鞋を買ったのか

名所図会の挿絵によって、近世後期の旅人の大半が草鞋を着用していたことがわかりました。しかし、長距離を何カ月も歩き通すわけですから、出発の時点で何足か準備してもそれで事足りるとはとても思えません。それでは、旅人はどこで草鞋を買ったのでしょうか。浮世絵や名所図会をヒントに、街道筋の草鞋の販売事情を確かめることにしましょう。

### ① 宿場で買うパターン

宿場で草鞋が販売されていた事例を渓斉英泉の描いた『木曾街道』から抽出します。図4－3は中山道板橋宿を描いたものですが、画中右上をみると店先に複数の草鞋が吊るされています。旅人が休憩ないし宿泊する宿場では、草鞋が販売されていたのです。

ちなみに、画中で前屈みになっている男性は馬の履物を交換している最中ですが、近世の日本では、滑り止めや蹄（ひづめ）を保護するために馬に「藁沓（わらぐつ）」を履かせることが定着していました。このことは、幕末期に来日したアンベールの「日本人は馬に蹄鉄を打たず、藁靴をはかせる[20]」という記述によっても裏付けられます。黒田日出男は馬の藁沓について、困難な山道や階段道で荷物を背負った馬が上り下りしやすい「素敵な知恵」だと表現しました[21]。

図4－3　宿場での草鞋の販売

出典：英泉画「木曽街道」(1835) 国立国会図書館デジタルコレクションより。

② 茶屋で買うパターン

次に『江戸名所図会』より、中山道浦和宿の手前に位置する焼米坂の模様が描かれた挿絵を取り上げます（図4－4参照）。当地は名物「焼米」（籾のまま米を煎ってつき、殻を取り除いた食べ物）を往来の旅人に販売していたことで知られますが、画中右上を見ると草鞋や草履が店先に吊り下げられ、これも併せて販売されていた様子がわかります。

名物の食べ歩きは近世的な旅の楽しみ方の一つでしたが、街道筋の茶屋で名物を食べるついでに擦り切れた草鞋を新しい物と交換（購入）することがあったのでしょ

図４－４　茶屋での草鞋の販売

出典：斎藤月岑ほか編・長谷川雪旦画「江戸名所図会」（1834）『日本名所図会全集３』名著普及会、1975、p. 1332より。

図４－５　草鞋売りによる草鞋の販売①

出典：蔀関月編画「伊勢参宮名所図会」（1797）『日本名所図会全集11』名著普及会、1975、p. 235より。

う。言い換えれば、これは茶屋側の巧みな経営戦略でもあったわけです。

③　草鞋売りから買うパターン

旅人が草鞋を入手する方法は、宿場や茶屋の店先で立ち寄ったついでに購入するばかりではありませんでした。絵画に描かれた旅の世界には、草鞋の販売を生業とする者が登場するからです。

図４－５は『伊勢参宮名所図会』に所載の挿絵ですが、ここには旅人に草鞋の購入を勧める子ども（草鞋売り）の姿が描かれています。画中右側には草鞋を作る子どもの存在も確かめられ、製造と販

売を分担していた様子が見られますが、彼らは近隣の農村から出稼ぎに来ていたという見方もあります。[22]

また、図4－6は『東海道名所図会』の挿絵ですが、この子どもは複数の草鞋を背負い、手にも草鞋を握っていることから、草鞋売りだと見てよいでしょう。図4－6は挿絵を部分的に切り取っているので建物の外観まで入っていませんが、これは子どもが宿泊客に草鞋を売り込もうと旅籠に足を踏み入れているシーンです。いわば、草鞋の訪問販売です。

このように、旅人は街道の至るところで草鞋を買える環境に恵まれていました。そのため、旅人は道中で大量の草鞋を持ち歩く必要はなかったのです。ここに、旅人の長距離歩行を支えた街道事情の一端を見出すことができるでしょう。

図4－6　草鞋売りによる草鞋の販売②

出典：秋里籬島編・竹原春朝斎画「東海道名所図会」(1797)『日本名所図会全集6』名著普及会、1975、p. 613より。

なお、一七世紀に来日したケンペルが「草鞋はどこの村でも吊して売っているし、また乞食の子供たちが街道で売付けようとする」[23]と述べ、一八世紀に来日したツュンベリーが「一般に旅人が通り過ぎるような町や村は、たとえどんなに小さな村でもすべてこれ（草鞋―引用者注）を売っている。」[24]との見聞を記録していることからすれば、街道筋の草鞋の販売は、すでに近世初期から盛んに行われていたと考えてよいでしょう。

## 3 草鞋の値段と耐久性

### 草鞋の値段

実際の草鞋の販売価格はどの程度だったのでしょうか。表4－2は関東地方の庶民による伊勢参宮の旅日記の中から、購入した草鞋の値段が明記されている一一編[25]を抽出し、その一足の平均額、最高額、最低額を一覧にしたものです。

本表によれば、草鞋の販売価格は、幕末期にかけて次第に値上がりしていったことがわかります。ただし、幕末期の百科事典である『守貞漫稿』には、街道筋の宿泊費が幕末期になって急激に値上がりしたと記されているので[26]、草鞋だけが高価になったわけではありませんでした。

それでは、表に掲載された草鞋の値段は、近世後期の街道筋の物価に照らしてどのように位置づけることができるのでしょうか。表の旅日記の中で、購入した物の値段が最も詳細に書き留められている『伊勢参宮覚』から検証してみましょう。この旅では、草鞋は平均一五文で買い求められていますが、これは酒（一五文程度）や餅（一五文程度）などと同額で、そば（三二文程度）よりも安い金額で

表4－2　関東地方の庶民の旅日記にみる草鞋の1足の値段

| 旅日記の名称 | 年代 | 平均額 | 最高額 | 最低額 |
|---|---|---|---|---|
| 道中日記 | 1803年 | 12文 | 12文 | 12文 |
| 意雜紀 | 1807年 | 13文 | 14文 | 12文 |
| 道中記 | 1809年 | 13文 | 13文 | 12文 |
| 道中日記帳 | 1829年 | 10文 | 10文 | 10文 |
| 道中日記 | 1842年 | 14文 | 16文 | 11文 |
| 伊勢参宮覚 | 1845年 | 15文 | 20文 | 12文 |
| 伊勢太々金毘羅道中記 | 1852年 | 16文 | 24文 | 12文 |
| 道の記 | 1852年 | 20文 | 26文 | 16文 |
| 伊勢参宮道中記 | 1853年 | 32文 | 32文 | 32文 |
| 道中日記帳 | 1863年 | 72文 | 72文 | 72文 |
| 旅中日用記 | 1864年 | 50文 | 100文 | 18文 |

※本表は旅の全行程の中から記述が比較的詳細な江戸～伊勢間（往路）を対象として作成しました。どの旅日記も通行したルートはほとんど同じです。

した[27]。また、第5章でも示しますが、『伊勢参宮覚』の旅の総額に占める草鞋購入費の割合はわずか約二％に過ぎません。このようにしてみると、近世後期の街道筋で、草鞋は比較的安価な物品だったといえるでしょう。

ところで、表4－2をみると、史料によっては「最高額」と「最低額」の数字に開きがありますが、これは草鞋の質の間題とも関わっています。『江の島まうで浜のさゞ波』に「価をしまずよきわらじをもとめはくべし[28]」と説かれているように、草鞋にも値段によって品質の良し悪しが生じたと考えられるからです。

草鞋の質を旅人が意識していたことは、嘉永三（一八五〇）年に新田郡新田村（群馬県新田郡）から伊勢へ旅立った者の日記に「梅沢と申す処、わらじ至って能なり。餘分一足求め行くべし。[29]」と記されていることからもうかがえます。この旅人は、東海道の梅沢（神奈川県二宮町）で良質な草鞋と出会い、余分に買っているのです。

## 草鞋の耐久性

足に馴染まない草鞋を履いた時に生じる草鞋食いという現象については前述しましたが、旅人にとっての草鞋の質とは、こうした「履き心地」のみならず「耐久性」とも関連していたと思われます。そこで次に、旅日記の分析を通して草鞋の耐久性に触れてみましょう。

ここでは、草鞋の耐久性を「使用日数」ではなく、前回購入した地点からの「歩行距離」を基準として把握することにします。これによって、草鞋が距離にしてどの程度の歩行に耐え得るものだったのかが明らかとなるからです。こうした観点から、『道中日記[30]』、『伊勢参宮覚[31]』、『伊勢太々金毘羅参り道中記[32]』という三つの旅日記の記述を基に、草鞋の購入頻度を示す一覧表を作成しました（表4－3）。

表4－3によると、草鞋購入の間隔（＝歩行距離）は最短約一三・六㎞から最長約一二三・四㎞までと幅広いのですが、平均的に見れば概ね四〇～五〇㎞程度の間隔で新たな草鞋が購入されています。当時の旅では、草鞋は四〇～五〇㎞程度を歩むと交換の時期に達していたと考えてよいでしょう。

こうして、草鞋の耐久性が判明しましたが、その距離的な間隔をイメージし易くするために、『伊勢参宮覚』の旅にみられる江戸～伊勢間（往路）の草鞋購入の実際を地図上（図4－7）に復元しました。

表4－3　旅日記にみる草鞋購入の頻度

| | 道中日記（1842年） | | | 伊勢参宮覚（1845年） | | | 伊勢太々金毘羅参り道中記（1852年） | | |
|---|---|---|---|---|---|---|---|---|---|
| 購入回数 | 購入場所 | 値段 | 前回からの距離 | 購入場所 | 値段 | 前回からの距離 | 購入場所 | 値段 | 前回からの距離 |
| 1回目 | 藤沢 | 16文 | 約48.1km | 川崎 | 20文 | 約40.9km | 藤沢 | 24文 | 約48.1km |
| 2回目 | 箱根 | 16文 | 約48.6km | 畑 | 16文 | 約70.4km | 久能山 | 16文 | 約123.4km |
| 3回目 | 沼津 | 12文 | 約20.5km | 興津 | 14文 | 約71.5km | 藤枝 | 16文 | 約27.4km |
| 4回目 | 由比 | 14文 | 約33.1km | 府中 | 12文 | 約19.8km | 森町 | 16文 | 約38.1km |
| 5回目 | 森町 | 11文 | 約89.0km | 岡部 | 14文 | 約13.6km | いぬい | 12文 | 約23.4km |
| 6回目 | | 14文 | | 島田 | 13文 | 約19.6km | 岡崎 | 30文 | 約103.1km |
| 7回目 | | 14文 | | 掛川 | 14文 | 約17.7km | 池鯉鮒 | 16文 | 約14.9km |
| 8回目 | 鳴海 | 14文 | | 坂下 | 18文 | 約33.1km | 名古屋 | 12文 | 約24.7km |
| 9回目 | 桑名 | 14文 | 約52.7km | 新間 | 32文 | 約53.6km | 桑名 | 12文 | 約38.0km |
| 10回目 | | 14文 | | 鳴海 | 18文 | 約71.6km | | | |
| 11回目 | | | | 日永 | 12文 | 約69.6km | | | |
| 12回目 | | | | 白子 | 12文 | 約16.9km | | | |
| 平均 | | 14文 | 約48.6km | | 15文 | 約41.5km | | 16文 | 約49.0km |

※本表は、旅の全行程の中から記述が比較的詳細な江戸～伊勢間（往路）を対象として作成し、草鞋の購入場所や前回購入地点からの歩行距離が不明なところは空白としています。

図4－7によると、四回目（府中）から七回目（掛川）までの間で草鞋購入の間隔が明らかに狭まっていることがわかりますが、それはなぜでしょうか。

図中の左上に付した表は、この旅で江戸～伊勢間（往路）に要した正月二二日から二月八日までの天候を旅日記の原文のまま掲載し、草鞋購入との関係を示したものです。これによると、草鞋購入の間隔が狭まっている四～七回目に該当する正月二七～二九日の天候はいずれも雨天で、草鞋の耐久性と天候との関係性が浮かび上がってきます。

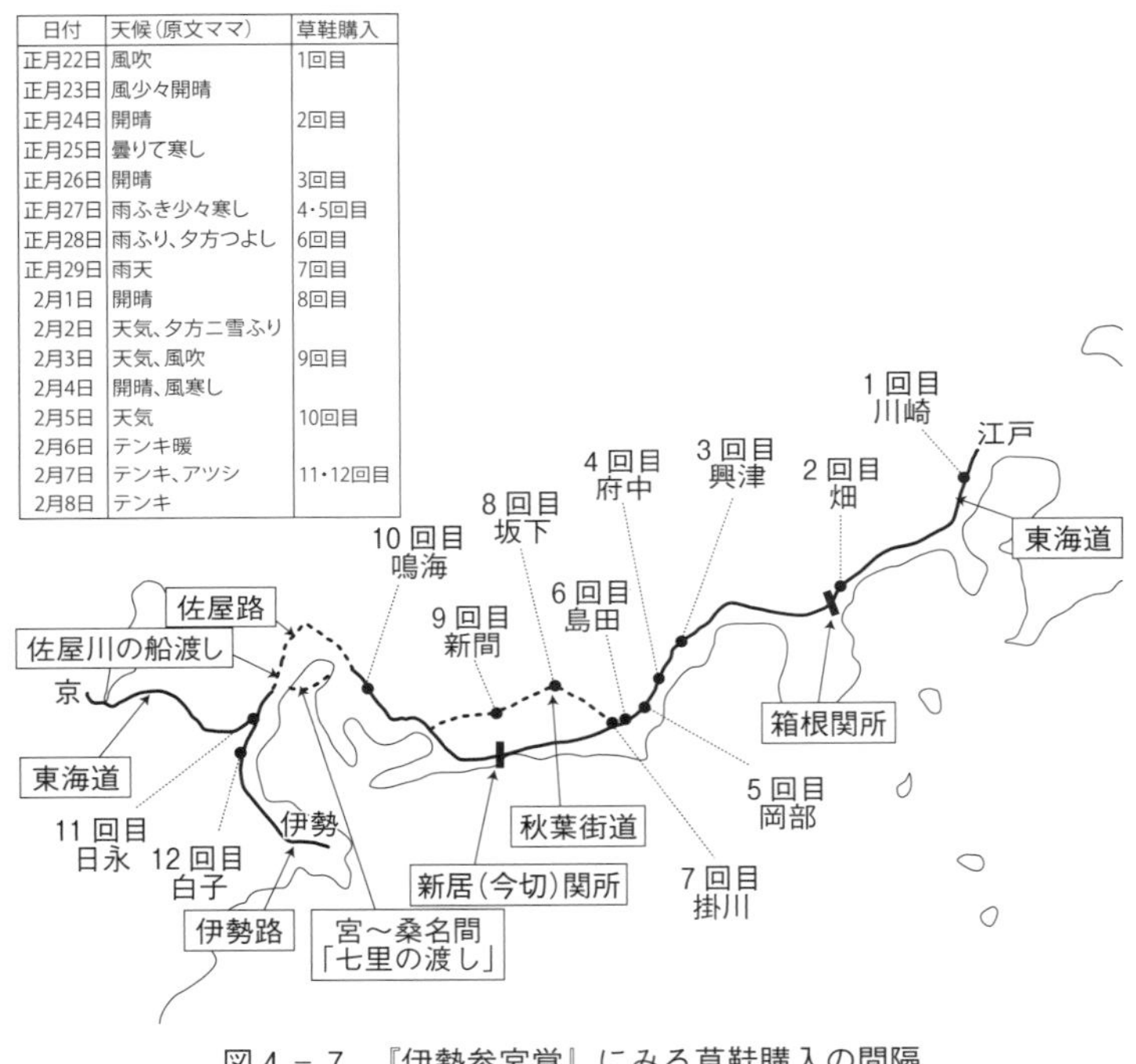

| 日付 | 天候(原文ママ) | 草鞋購入 |
|---|---|---|
| 正月22日 | 風吹 | 1回目 |
| 正月23日 | 風少々開晴 | |
| 正月24日 | 開晴 | 2回目 |
| 正月25日 | 曇りて寒し | |
| 正月26日 | 開晴 | 3回目 |
| 正月27日 | 雨ふき少々寒し | 4・5回目 |
| 正月28日 | 雨ふり、夕方つよし | 6回目 |
| 正月29日 | 雨天 | 7回目 |
| 2月1日 | 開晴 | 8回目 |
| 2月2日 | 天気、夕方ニ雪ふり | |
| 2月3日 | 天気、風吹 | 9回目 |
| 2月4日 | 開晴、風寒し | |
| 2月5日 | 天気 | 10回目 |
| 2月6日 | テンキ暖 | |
| 2月7日 | テンキ、アツシ | 11・12回目 |
| 2月8日 | テンキ | |



図4－7 『伊勢参宮覚』にみる草鞋購入の間隔

出典:田中国三郎「伊勢参宮覚」(1845)『伊勢道中記史料』世田谷区教育委員会、1984、pp. 1–41より作成。

このことは、訪日外国人による「雨降りやひどいぬかるみでは、草鞋は濡れてふやけてしまう……[33]」や、「草鞋は乾天時で二日間もつものの降雨時又はぬかるみでは一日しかもたない[34]。」などといった見聞録と一致します。草鞋は水分に弱い履物だったために、雨天時には頻繁に交換する必要があったのです。

ところで、擦り切れて必要なくなった草鞋を旅人はどのように処理したのでしょうか。実は、東海道のように人通りの多い街道では、旅人は不要な草鞋を決まった場所に捨てる風習がありました。図4－8は東海道沿いの境木（神奈川県横浜市）の立場ですが、画中中央（拡大図あり）には樹木の下に草鞋が集積されている様子が描かれています。藁は良い肥糧になるため、近隣の農家がこれを回収していたそうです。[35] もしかすると、草鞋を

図4－8　東海道　宿の草鞋の集積所（下は拡大図）

出典：斎藤月岑ほか編・長谷川雪旦画「江戸名所図会」（1834）『日本名所図会全集3』名著普及会、1975、p. 508より。

持ち帰った農民は、肥糧として再利用するだけではなく、草鞋を一旦分解して新たに編み直し、再び販売ルートに乗せていたのかもしれません。いずれにしても、近世の街道には草鞋にまつわるエコなサイクルが確かに存在していました。

以上、本章では草鞋にフォーカスして考察しました。当時の旅人が連日のように長距離を歩いて移動するために、草鞋は極めて重要な役割を果たしていたのです。

〈注記および引用・参考文献〉

（1）黒田日出男「旅と信仰」『絵画史料で歴史を読む』筑摩書房、二〇〇四、四七—六六頁
（2）潮田鉄雄「草鞋」『日本交通史辞典』吉川弘文館、二〇〇三、九四六頁
（3）潮田鉄雄『ものと人間の文化史八——はきもの——』法政大学出版局、一九七三、一三五頁
（4）潮田鉄雄『ものと人間の文化史八——はきもの——』法政大学出版局、一九七三、一三五頁
（5）ケンペル「江戸参府旅行日記」（一七七七〜七九）斎藤信訳『江戸参府旅行日記』平凡社、一九九四、一一四頁
（6）スエンソン「江戸幕末滞在記」（一八六九〜七〇）長島要一訳『江戸幕末滞在記』講談社、二〇〇三、一〇七—一〇八頁
（7）八隅蘆庵『旅行用心集』須原屋伊八、一八一〇、四丁
（8）平亭銀鶏「江の島まうで浜のさゞ波」（一八三三）『神奈川県郷土史料集成第七輯紀行篇』神奈川県図書館協

会、一九七二、二四〇頁

（9）「草鞋食い」『大辞林　第三版』三省堂、二〇〇六、二七四八頁

（10）十辺舎一九「東海道中膝栗毛」（一八〇二〜〇九）『東海道中膝栗毛（下）』岩波書店、一九七三、一七頁

（11）ツュンベリー「江戸参府随行記」（一七九三）高橋文訳『江戸参府随行記』平凡社、一九九四、一四四頁

（12）秋里籬島編・竹原春朝斎画「拾遺都名所図会」（一七八七）『日本名所図会全集一三』名著普及会、一九七五

（13）秋里籬島編・竹原春朝斎画「東海道名所図会」（一七九七）『日本名所図会全集六』名著普及会、一九七五

（14）蔀関月編・画「伊勢参宮名所図会」（一七九七）『日本名所図会全集一一』名著普及会、一九七五

（15）斎藤月岑ほか編・長谷川雪旦画「江戸名所図会」（一八三四）『日本名所図会全集一〜四』名著普及会、一九七五

（16）パノフスキー、浅野徹訳『イコノロジー研究』美術出版社、一九七一、三一—三三頁／黒田日出男「御伽草子の絵画コード論入門」『歴史としての御伽草子』ペリカン社、一九九六、五三—一三一頁

（17）大場鈴之助「意雑紀」（一八〇七）『伊勢道中記史料』世田谷区教育委員会、一九八四、一九〇—二〇四頁

（18）牧野勘四郎「道中記」（一八〇九）『江東区資料牧野家文書二』江東区教育委員会、一九九五、一八—三九頁

（19）「旅中日用記」（一八六四）『狛江市史料集　第十』狛江市、一九七九、六八—八六頁

（20）アンベール「幕末日本図絵」（一八七〇）高橋邦太郎訳『アンベール幕末日本図絵』雄松堂出版、一九六九、二五三頁

（21）黒田日出男「馬のサンダル」『姿としぐさの中世史』平凡社、一九八六、一一七頁

（22）旅の文化研究所編『絵図に見る伊勢参り』河出書房新社、二〇〇二、五一頁

（23）ケンペル、前掲書、一〇頁

（24）ツュンベリー、前掲書、一四四頁

（25）表4-2は以下の旅日記を基に作成しました（著者名は省略）。

「道中日記」（一八〇三）『谷合氏見聞録』青梅市文化財保護委員会、一九七四、八四―八六頁／「意雑紀」（一八〇七）『伊勢道中記史料』世田谷区教育委員会、一九八四、一九〇―二〇四頁／「道中記」（一八〇九）『江東区資料　牧野家文書二』江東区教育委員会生涯学習課、一九九五、一八―二七頁／「道中日記帳」（一八二九）『江戸時代の庶民の旅』古文書を探る会、一九八一、七―一六頁／「道中日記」（一八四二）『大宮町史史料編』大宮町役場、一九八〇、一六二―一六七頁／「伊勢参宮覚」（一八四五）『伊勢道中記史料』世田谷区教育委員会、一九八四、一―四一頁／「伊勢太々金毘羅道中記」（一八五二）『小川町史　上巻』小川町、一九八二、四七九―四九一頁／「道の記」（一八五二）『伊勢道中記史料』世田谷区教育委員会、一九八四、二〇五―二一三頁／「伊勢参宮道中記」（一八五三）『城山町史二　資料編近世』城山町、一九九〇、六七八―六八六頁／「道中日記帳」（一八六三）『阿見町史編さん史料集（四）』阿見町、一九八〇、一一五―一四三頁／「旅中日用記」（一八六四）『狛江市史史料集　第十』狛江市、一九七九、六八―八六頁

(26) 喜田川守貞「守貞漫稿」（幕末期頃）『近世風俗志（守貞謾稿）（一）』岩波書店、一九九六、二一八頁

(27) 田中国三郎「伊勢参宮覚」（一八四五）『伊勢道中記史料』世田谷区教育委員会、一九八四、一―四一頁

(28) 平亭銀鶏、前掲書、二四〇頁

(29) 栗原順庵「（表題不明）」（一八五〇）『伊勢金毘羅参宮日記』金井好道、一九七八、一二―九三頁

(30) 先崎長次平「道中日記」（一八四二）『大宮町史　史料編』大宮町役場、一九八〇、一六二―一六七頁

(31) 田中国三郎、前掲書、一―四一頁

(32) 小塙小四郎「伊勢太々金毘羅道中記」（一八五二）『小川町史　上巻』小川町、一九八二、四七九―四九一頁

(33) ツュンベリー、前掲書、一四四頁

(34) サトウ「明治日本旅行案内」庄田元男訳『明治日本旅行案内　上巻　カルチャー編』平凡社、一九九六、二八頁

(35) 石川英輔『ニッポンの旅――江戸達人と歩く東海道――』淡交社、二〇〇七、一五二―一五三頁

# 第5章　旅の家計簿

近世に旅をするには、どのくらいの費用がかかったのでしょうか。近世も後期に差し掛かると、全国各地の街道筋に貨幣経済が浸透し、旅人の行動の多くは金銭で解決できる時代になっていたので、長期間の旅に出るならそれ相応の旅費が必要でした。本章では、江戸近郊の農民と江戸の商人の旅日記を通して、旅人が道中で何にどのくらいお金を使ったのかを探ります。また、一般庶民が旅費をどのように準備したのか、その仕組みにも迫ってみましょう。

本章では「旅の家計簿」を扱うため、はじめに貨幣の価値について説明しておきます。近世には金、銀、銭の三種類の貨幣が同時に流通していましたが、本章ではその交換比率を「金一両＝銀七五匁＝銭六三〇〇文[1]」で計算します。気になるのは、当時の物価は現在の世の中でどのくらいの価値があるかということでしょう。これについては、歴史学者の磯田道史の研究から、賃金ベースで換算した現代感覚、そして米の値段で換算した現代価値を表5－1に記載しました。

表5－1　本章で用いる貨幣価値の一覧

| 換算単位 | 金（両） | 銀（匁） | 銭（文） | 現代感覚（賃金より換算） | 現代価値（米価より換算） |
|---|---|---|---|---|---|
| 金1両 | 1両 | 75匁 | 6300文 | 30万円 | 5万5555円 |
| 銀1匁 | 0.0133両 | 1匁 | 84文 | 4000円 | 666円 |
| 銭1文 | 0.0002両 | 0.0119匁 | 1文 | 47.6円 | 8.8円 |

出典：磯田道史『武士の家計簿』新潮社、2003、p.55より作成。

## 1　江戸の人々の経済事情

旅費の話に入る前に、当時の人々が日常的にどのくらいの経済力を持っていたのかを押さえておきましょう。ここでは、江戸に暮らす中下層の商人と職人、そして江戸近郊に住む農民の経済事情を取り上げていきます。

文政期（一八一八～三〇）頃の世相を描いた『文政年間漫録』には、その日稼ぎの生活を営んでいた商人の一例として、江戸の裏長屋の住人を主な担い手とする棒手振り（天秤棒を担ぐ行商人）の収支が述べられています[2]。同書によると、野菜を販売する棒手振りは、毎日仕事から帰ると米代二〇〇文、味噌・醤油代五〇文、子どもの菓子代一二～一三文をその日の稼ぎから取られ、残金は一〇〇～二〇〇文程度だったそうです。支出と残金の合計額からみれば、棒手振りの日収は四〇〇文程度だったことになります。ただし、同じ時代に記された『柳庵雑筆』によると、棒手振りの日々の余剰金は、天候不良で商売が立ち行かない場合に備えて生活費として貯蓄に回されることもあったそうなので[3]、そう簡単に自由に使える現金が手元に残ったわけではありませんでした。

江戸の職人の中で最多の割合を占めた業種は大工です。[4]『文政年間漫録』の視点は大工の収支にもおよんでいます。[5]文政期頃の大工の日収は食事付でおよそ銀五匁四分（五〇四文）でした。また、大工の毎月の支出は、家賃が一〇匁（八四〇文）、食費は夫婦と子ども一人で三〇匁（二五二〇文）、調味料と薪の代金が合わせて五八匁（四八七二文）、その他に道具代、家具代、表装代などを含めると、月々の総支出額はおよそ一二八匁（一万七五二文）だったそうです。[6]この金額を三〇日間で割って、一日当たりの支出額を銭単位で算出すると約三五八文になります。先に示した収入（五〇四文）から支出を引くと、単純計算で一日の余剰金は一〇〇文余りです。

このように、史料が語る中下層の江戸庶民の日収は大体四〇〇～五〇〇文程度で、支出額を差し引いて手元に残るのは一〇〇文程度でした。ただし、棒手振りも大工も天候に左右される職業でしたので、実際には毎日定額の現金収入は手に入らなかった可能性は大いにあり得ます。

正規の収入を見た限りでは、中下層の江戸庶民は経済的な余裕はなかったようにみえますが、彼ら都市民は生業以外にも「駄賃稼ぎ」をすることがありました。その内容は、奉行所や町役の使い走り、大店や大家に依頼された雑役などだったそうです。[7]庶民の余暇活動を考える時、この臨時収入の存在を見逃すことはできません。

『文政年間漫録』は農民の暮らしにも触れています。豊嶋郡徳丸村（東京都板橋区）の中流農民は、換金用の作物として大根二万五〇〇〇本を一本五文二分の値段で売却して、年間に少なくとも約一三五貫文（一三万五〇〇〇文）の収入を得ていたそうですが、そこから年貢、土地代、食費、交際費などの支出を差し引くと、手元には一両にも満たない二〜三分（三一五〇〜四七二五文）しか残りませんでした。[8] そのため、農民は日雇いで他人の農作業を手伝い、駄賃を稼ぐこともありました。江戸近郊の世田谷地域を例に見てみると、文政九（一八二六）年の時点で日雇いによって得られる金額は、男性でわずか一二四文程度だったそうです。[9] 農村の人々の現金収入は、前述した都市の住人と比べるとかなり低額だったことがわかります。

## 2 農民の伊勢参宮にみる旅の家計簿

ここでは、江戸近郊の農民が旅の道中で使った費用とその使い道を探ります。参考にするのは、弘化二（一八四五）年に多摩郡喜多見村（東京都世田谷区）の田中国三郎が伊勢参宮の旅をした際に書き残した『伊勢参宮覚』[10] です。この旅は、四国・中国地方にまで足を延ばした八六日間の大旅行でしたが、他の旅日記と比べても、『伊勢参宮覚』には旅費の全容が詳しく記されているという特徴があります。

図5―1は、国三郎の旅費の使い道を、宿泊費、食費、交通費、土産代、寺社参詣代、遊興費、草

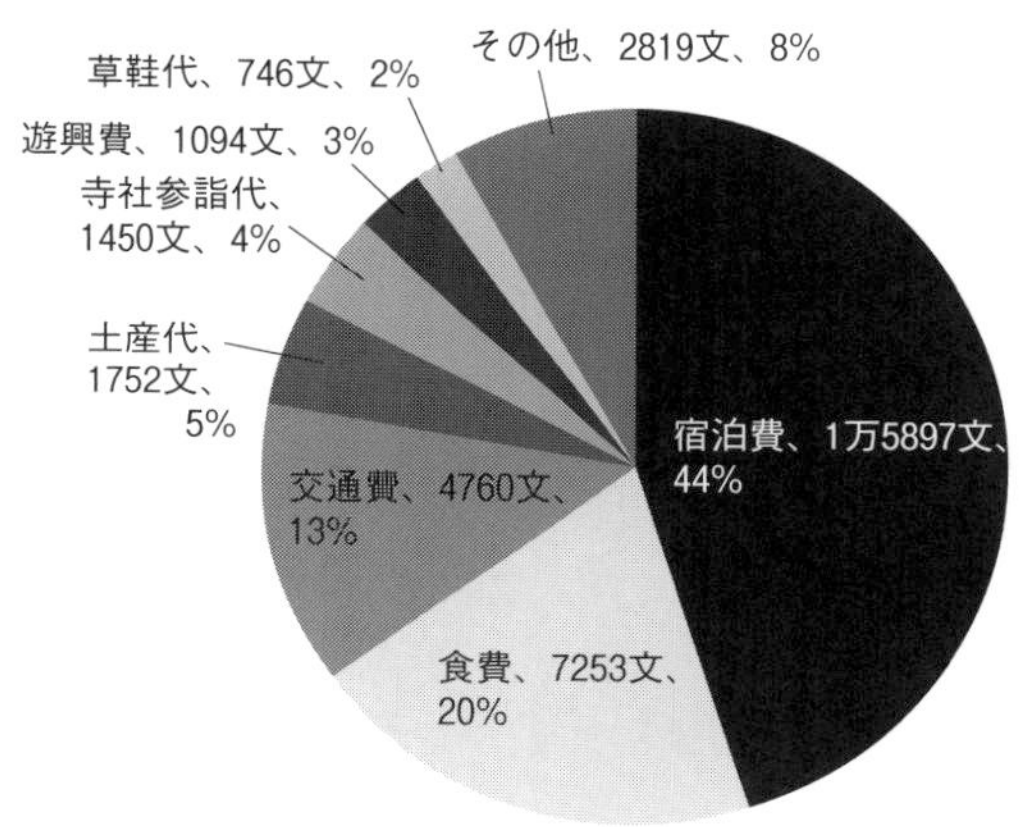


図５－１　『伊勢参宮覚』に見る旅費の配分

出典：田中国三郎「伊勢参宮覚」（1845）『伊勢道中記史料』世田谷区教育委員会、1984、pp. 1-41より作成。

鞋代、その他という項目に分類してグラフ化したものです。各項目に含まれる内容は、表５－２を参照して下さい。

## 宿泊費

図５－１によれば、旅費全体に占める宿泊費の割合は最も多く四五％（一万五八九七文）を費やしています。庶民が主に利用したのは旅籠という一泊二食付の宿泊施設でしたが、田中国三郎が泊った旅籠の値段は表５－３の通りです。

表５－３から、この旅が行われた弘化二（一八四五）年の時点では、東海道沿いや都市部の宿屋は割高でしたが、中山道やその他の脇往還ではもう少し安く泊まれたという傾向を知ることができます。宿賃の分布から見

表５－２　本章で用いた旅費の項目とその内訳

| 旅費の項目 | 内訳 |
|---|---|
| 宿泊費 | 旅籠代など宿泊にかかった費用 |
| 食費 | 昼食、間食など飲食にかかった費用（夕食代は含まれない） |
| 交通費 | 馬、駕籠、川越、船の利用にかかった費用 |
| 土産代 | 各地の名物など土産の購入費用、案内賃 |
| 寺社参詣代 | 賽銭、御守り、御札の購入費用 |
| 遊興費 | 温泉、芝居見物、楊弓、女郎遊びなどにかかった費用 |
| 草鞋代 | 草鞋の購入費用 |
| その他 | 上記には含まれない費用（髪結い、ロウソク、ちり紙などの雑費） |

て、当時の東海道の旅籠賃は二〇〇文程度でした。このことは、『守貞漫稿』の「安政（一八五四～六〇―引用者注）以前、東海道上旅籠二百銭」[11]という記述や、『東海道中膝栗毛』の中で東海道程ヶ谷宿の宿引きが「おはたごは弐百ヅツ（二〇〇文ずつ―引用者注）」[12]と客寄せをしている場面と一致します。

近世の宿場には旅籠だけではなく、木賃宿という自炊で安く泊まれる素泊まりの施設もありました。しかし、文化七（一八一〇）年刊行の『旅行用心集』には、旅の教訓として「成丈家作のよき賑やかなる泊屋へ泊るへし　少々高直（値―引用者注）にても　それたけの益有也」[13]と記されています。滅多にない旅の機会には、少々値が張ってもサービスが良く安心して英気を養える繁盛した宿屋への宿泊を推奨しているのです。

## 食費

食費は『伊勢参宮覚』の総支出額のうち二〇％（七二五三文）を占めました。当時の江戸市中の飲食の物価は、そば一六文、鰻蒲焼一六

表5－3　『伊勢参宮覚』にみる宿泊費の街道別の分布

| 1泊の宿賃(文) | 街道および宿場名 | | |
|---|---|---|---|
| | 東海道 | 中山道 | その他脇往還 |
| 132 | | | 関の戸、土屋 |
| 140 | | | 松山 |
| 148 | 富田 | 御嵩、奈良井 | 長野、嶋ヶ原、能登川、早崎、麻績、善光寺、坂城 |
| 150 | | | 堀越 |
| 160 | | 中津川、 | 三原、神辺、一日市 |
| 164 | 一ノ瀬、豊川、名古屋 | 春照、赤坂、加納、追分、三軒茶屋 | 法隆寺、四軒茶屋、麻生津、四日市、鶴亀、明石、摩那山、淀 |
| 169 | | | 八軒屋 |
| 170 | | | 岩国、曽根 |
| 172 | | 須原 | 三輪、貝塚、本山、伏見、比叡山、松本 |
| 180 | 池鯉鮒 | | 奈良 |
| 184 | 石打、門谷 | | |
| 200 | 戸塚、小田原、吉原、久能山、岡部、掛川、京都 | 本庄、桶川 | 津、櫛田、下市、加田、大坂、丸亀、宮島、石山寺、伊香保 |
| 200～ | 箱根（216文） | | 磯部（208文）、高野山金剛蔵院（300文） |

出典：池上博之「世田谷の伊勢講と伊勢道中について」『伊勢道中記史料』世田谷区教育委員会、1984、pp. 236-237より作成。

文、甘酒八文、蛤一〇文、豆腐五〇〜六〇文、汁粉一六文、蒟蒻八文などだったそうです。[14] 一方、『伊勢参宮覚』に記された飲食の値段は、地域差はあるものの大体、そばが三二文ほど、甘酒・白酒などの酒類が一五文、餅が一五文など若干割高でした。近世後期の街道筋は、江戸市中と比べると総じて物価高だったことになります。これは、現代の観光地でもよく遭遇する現象でしょう。

### 交通費

交通費もばかになりませんでした。『伊勢参宮覚』では一三％（四七六〇文）を交通費に使っています。交通費の中で最も多くを占めたのは、海上を行く長距離の船賃（一八六四文）で、駕籠や馬の利用料金（一六五六文）、橋の架かっていない河川を越えるための料金（一二四〇文）がそれに続きます。この旅では駕籠の利用は三回行われていますが、その値段は梅沢〜小田原間で三四八文、箱根〜三島間で五〇八文、江尻〜久能山間で六〇〇文、いずれも距離にして三里（約一一・七㎞）程度でした。一回の利用料金が一泊の宿泊費をはるかに上回っているわけですから、駕籠は庶民にとって贅沢な移動手段だったといえるでしょう。

近世には大河に架橋されていることは稀でしたので、旅人は船渡しや徒歩(かち)渡しを利用して川を越すしかありませんでした。船渡しの料金は基本的に安く、『伊勢参宮覚』ではどの川も一五〜二〇文程度、中には一〇文以下で渡れたところもありました。一方、徒歩渡しは川越人足によって担がれたり、輦台に乗って渡されたため料金も高くつきました。徒歩渡しは水位によって料金設定が異なります。天保一四（一八四三）年の定めでは、大井川で徒歩渡しできる限界の水位（人足の脇の下）に達した時の料金は八四～九四文だったそうです。(15)

海上を行く船の利用履歴は、この旅では五回です。最も長距離だったのは大坂～丸亀間を行く金毘羅船の旅でしたが、この時は船中で三泊して一貫三〇〇文（一三〇〇文）を支払いました。

## 土産代・寺社参詣代

田中国三郎は土産代として一七五二文を費やしましたが、これは全体の五％にあたります。旅の道中で土産物を買って帰る風習は、すでに近世には一般化していましたが、当時の土産は今日とは少し違う意味を持っていたそうです。後述しますが、講による代参が多くみられた近世後期には、庶民の旅費の多くは講金や餞別で賄われていました。そのため、当時の土産は、郷里で待つ講のメンバーや餞別を出してくれた人々への贈答儀礼としての意味を持っていたのです。

そもそも土産とは本来は「宮笥」と表現するもので、信仰対象の寺社で入手する御札や御守りのことを指していました。(16)この意味では、各地の寺社で購入した御札や御守りも「土産」の範疇に入ります。しかし、図5－1の作成に当たっては、万金丹、煙草入れ、宇治茶など各地の「名物」を土産としてカウントしたため、御札や御守りの購入費は土産代には含まれていません。ちなみに、「寺社参詣代」の項目から御札と御守りの購入費を抜き出してみると計五七六文となります。

鉄道が登場するまでの日本では、郷里に持ち帰る土産物として食品は不向きだったといえます。長距離を毎日歩いて帰る間に、食べ物は腐ってしまうからです。保存食を除いて、各地の名物はそこに行った人だけが口にできる特別なものでした。

歩いて旅をした時代、土産物は持ち運びに便利な品が選ばれたようにも思えますが、陶器や人形のように重くて嵩張る品を郷里の人々にプレゼントすることも不可能ではありませんでした。近世後期には物資の輸送業が普及していたため、土産を大量購入して地元に直送する方法も選択できたのです。

幕末の志士として知られる清河八郎は、安政二（一八五五）年に母親を連れて日本周遊旅行をしました。その時の旅日記『西遊草』の中に、荷物を郷里にまとめて輸送したことが記されています。八郎は大坂の堺港の荷役問屋に依頼して、山形の酒田港の近藤屋という大問屋に土産物を含む荷物を輸送しているのです(17)。この時の輸送料金は定かではありませんが、荷役問屋同士での荷継ぎの制度が機能していた様子がわかります。

とはいえ、『西遊草』は清河八郎が母のために行った金に糸目をつけない豪華な旅行でしたので、問屋を利用した海路での土産物の別送は、多くの旅人が手軽に使えたツールだったとはいい切れません。ごく一般的な経済力の旅人は、自らが持ち運べる範囲で土産物を選んだと考えるのが妥当ではないでしょうか。[18]

## 遊興費

『伊勢参宮覚』では遊興費として一〇九四文が費やされています。そもそも、近世の庶民にとっては旅をすること自体が遊興だったわけですが、図5－1の作成にあたっては温泉、芝居見物、楊弓、女郎遊びなどに使った金額を「遊興費」に含みました。

旅の遊興として男性が心待ちにしていたのは、遊女と酒宴を催したり一夜を共にする行為だったといわれています。男性にとって、旅籠や遊興地での女郎遊びが険しい長距離歩行に挑むモチベーションにもなっていたのです。中には、男性ならではの目線で行く先々の女郎を格付けし、刻銘に日記に書き残した者までいました。[19]

『伊勢参宮覚』にも「夜大坂どふとんぼりを同行弐人（中略）遊女町廻り松葉屋といふ茶屋へ上り、是江女郎よび酒肴・三味線・たいこ、女郎弐人・宿の女中小梅六人にて四ッ半頃迄さわぎ」[20]と記され、大坂の道頓堀の茶屋で女郎たちと夜通し遊び明かしています。この時、著者の国三郎は、小梅という女中に一二〇文の心付けを渡しました。[21]

草鞋代

庶民の旅の履物は草鞋でした。『伊勢参宮覚』では七四六文が草鞋購入のために充てられています。草鞋は耐久性に乏しいことから、頻繁に交換することが常識でした。国三郎は、一足およそ一二文程度で草鞋を買い求めています。

草鞋にまつわる諸事情については、第4章で詳しく述べた通りです。

以上、『伊勢参宮覚』を通して庶民の旅費をみてきました。田中国三郎が使った旅費の総額は、五両五貫七七一文（三万七二七一文）です。一日につき平均約四三〇文を使った計算になります。この金額は、江戸の中下層の商人や職人の日収に届くような金額で、江戸近郊に暮らす農民の日雇い賃の三倍以上にあたります。

江戸からの伊勢参りは通常二カ月程度でしたが、一日四〇〇文は消費すると見積もっても四両（二万五二〇〇文）近い旅費が必要です。当時、総額として四両もの費用が用立てられなければ、庶民は旅ができなかったことがわかります。先にみた一般庶民の収入から考えると、短くて数週間、時には数カ月間にもおよんだ遠方への旅費を中下層の庶民が個人負担で準備することはほぼ不可能だったのです。庶民にとって、旅は大金がかかる贅沢な娯楽だったといわなければなりません。

## 3　江戸の豪商の旅費

もう一点、バックグラウンドが異なる旅人の家計簿をみておきましょう。ここで取り上げるのは、江戸の神田塗師町（東京都千代田区）の商人で紀伊国屋長三郎という人物による嘉永四（一八五一）年の旅日記『道中記』[22]です。

紀伊国屋長三郎はいわゆる「豪商」でした。『道中記』は長三郎が供二人を引き連れた商用の旅日記ですが、史料には道中で使った旅費が記載されています。ここでは全行程の中でも東海道を歩いた江戸～京都間の区間を切り取って、旅費の傾向を探ることにします。

長三郎の旅日記をもとに、江戸～京都間で使った旅費の割合を示したものが図5-2です。先に『伊勢参宮覚』から算出した旅の全行程（八六日間）にかかる総額は五両五貫七七一文（三万五七七一文）でしたが、『道中記』では江戸～京都間（二二日間）ですでにその金額を大きく上回る七両三貫七五文（四万七一七五文）の旅費が支出されていることは注目すべきです。

ただし、この値が一人分の金額だと判断してはなりません。『道中記』は長三郎と供二人の計三人の旅でしたが、旅日記の中には「八百廿四文　保土ヶ谷ふじ屋泊り　三人」[23]「三百三十弐文　戸塚弁当四人前」[24]などという記述がみられます。長三郎は供二人を含めた三人分、場合によっては道中で

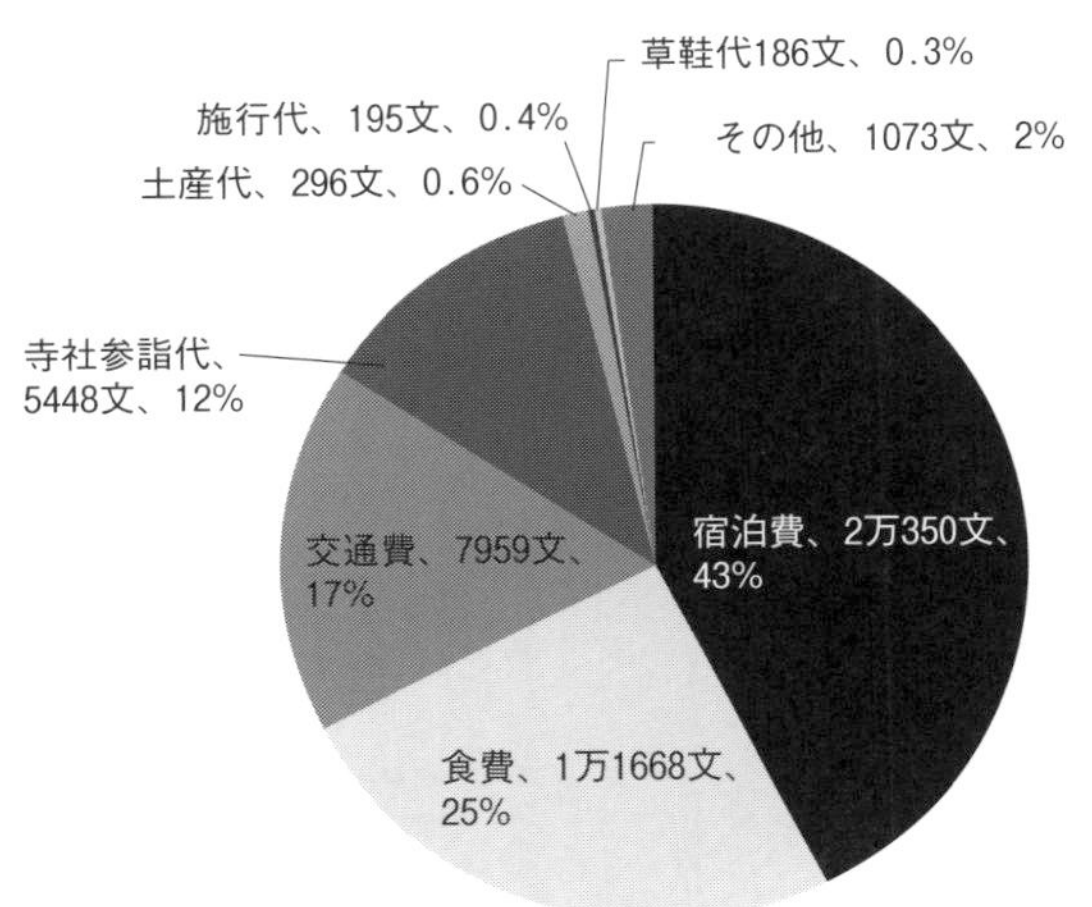


図5－2　『道中記』にみる江戸庶民の旅費の消費配分

出典：紀伊国屋長三郎「道中記」（1851）『ある商家の軌跡――紀伊国屋三谷家資料調査報告書――』千代田区教育委員会、2006、pp. 150–156より。

雇った人足の分の費用を一括して支払っていたとも考えられるのです。そこで、『道中記』に記された江戸～京都間の旅費の総額を三人分と見なして、一人当たりの旅費を割り出してみると一万五七二五文となります。これをさらに所要日数（二二日間）で割ってみると、一日平均で一人七一四文を費やした計算です。農民の田中国三郎の旅と比べると、豪商の紀伊国屋長三郎の旅は贅沢なものだったといえるでしょう。

旅費の配分をみると、多い方から順に宿泊費、食費、交通費、寺社参詣代、土産代、施行代、草鞋代、その他となっています。全体のうち四三％が宿泊費なので、長三郎は旅費の大半を宿泊の料金に充てていたことがわかります。旅費の使い道として注目すべきは「施行」です。長三郎一行は、江戸～京都間で施行行為として計一九五文を費やしています。金額自体は少額ですが、その回数は二二日間で八回におよんでいます。旅日記の記述をみると「十文　非人施行」[25]、「五拾八文　秋葉山道小供ニ遣ス」[26]、「出拾壱文　小供ニ非人」[27]などとあり、彼らの施行行為の対象が社会的弱者だったことが理解できます。また、『世事見聞録』には、江戸の富裕な商人が伊勢参宮の旅をした際、洪水の被害で飢饉にあえぐ街道筋の人々に対して多額の施行をしたという記述がみられます。[28]経済的にゆとりのある富裕層の施行は時として街道筋の住民にまでおよんでいたのでしょう。

道中での施行は、富裕層に限られた行為ではありませんでした。一般庶民の旅の象徴である『東海道中膝栗毛』にも、主人公が抜け参り[29]の子ども達に金銭を渡す場面がみられます。[30]中下層の生活レベルの江戸庶民も道中で施行行為をすることがあったのかもしれません。

一方、『伊勢参宮覚』をはじめ江戸近郊の農民の旅日記を見ても、彼らが施行をした形跡は見られません。道中での施行とは、日々現金収入を得ることのできた都市民に特有の行為だった可能性もありそうです。

## 4　旅費の調達手段

### ◉講と御師

近世後期の庶民はどのようにして高額な旅費を準備したのでしょうか。庶民が旅にかかる費用を個人で負担することが困難だった時代には、皆で旅費を出し合い数人の代表者を旅立たせる「講」の形式が好まれ、これを代参講と称しました。

「講」を辞典で引くと「宗教上・経済上その他の目的のもとに集まった人々が結んだ社会集団[31]」と書かれています。日本の講は、仏僧の集団を意味する語から発生し、やがて寺院で行う仏教行事を意味するようになりましたが、その後の変遷によって、金融的、経済的、社会的、政治的な機能が備わっていきました[32]。

近世になると講の宗教的意義は次第に薄れ、本来の精神を逸脱して、宴会や行楽を主とする集団に変わっていきました[33]。実際に、近世後期の江戸近郊の世田谷地域に存在した講は、農民たちが信仰を名目として遊べる時間を作り出す役割を果たしていたことがわかっています[34]。

話を旅に戻すと、近世後期の日本には、講員で積み立てた掛金を選抜者へ託して旅立たせる代参講が数多く存在していました。例えば、富士信仰を奉じる江戸の富士講は、俗に「八百八講」と称されるほど普及していたそうです。また、江戸やその周辺では、伊勢神宮への参拝を目的とする伊勢講も結ばれていました。近世後期の江戸風俗を記した『嬉遊笑覧』に「伊勢代々講、今俗町人等人数を定め、醵銀を集め是を積置、年を経て伊勢に参宮し……」[35]と記されているように、江戸庶民による代参講としての伊勢講が普及していたことがわかります。

ここで、江戸の富士講を例に代参のシステムを紹介しておきましょう。[36]富士講の組織は、先達、講元、世話人の三役で幹部が構成され、世話人の勧誘によって講員が集められ、世話人が講金の集金を行います。大体、三年ないし五年を一期として講を立てました。例えば、講員一〇〇人で五年の講が立ったとすれば、毎年二〇人ずつが富士登山をし、五年で全員の登山が終ると収支決算して、再び次の講員を募って講を立て直します。講員は五年間、毎月決まった額の講金を納めますが、これは自分の登山費用に講の維持費を加味したものを月賦で払っているわけです。これが代参講の基本的なシステムです。庶民は実に合理的な方法で旅費を捻出していたといえるでしょう。

代参講に限らず、講組織で何らかの代表者を選ぶ方法は主に籤引きでした。式亭三馬の文化一四(一八一七)年の作品には江戸の頼母子講[37](無尽講)の話題が出てきますが、作品中の当選者の選抜方法は籤引きが採用されています。[38]

代参講の掛金は、奥沢新田(東京都世田谷区)で宝暦一三(一七六三)年に結成された伊勢講で、結成当初は年間四〇〇文、近世後期には六〇〇文を積み立てたそうです。[39]もう少し江戸から離れた柴崎村(千葉県我孫子市)の伊勢講では、掛金の年額は多い年で一分一朱二〇〇文(二一六八文)、少ない年では一朱（三九三文）が徴収されました[40]。また、江戸の渋谷宮益坂の山吉講（富士講の一種）は、江戸市中をはじめ近郊農村にまで広く分布していましたが、その掛金は低いところで年間一〇〇文、高いところで金二朱（約七八六文）だったと伝えられています[41]。

代参講の掛金は講によって異なりました。近世の講は共同体や職種を単位として構成されたため、講の結ばれている地域によって経済的な格差が生じます[42]。江戸の繁華街で結ばれた講であれば、その構成員も必然的に富裕層が多くを占めますが、逆に衰退した場末の講なら、それほど裕福な者は入っていなかったはずです。

ところで、講の積立金は代参者にどのくらい渡されたのでしょうか。太子堂村（東京都世田谷区）の富士講では、代参者一人につき一両（約六三〇〇文）の旅費が渡されたそうです[43]。この金額に、先に『伊勢参宮覚』の旅費総額から割り出した一日の平均額（約四三〇文）を当てはめてみると、一四日間程度の旅費が講金によって賄われた計算になります。江戸近辺から八日ほどで往復できた富士道中なら旅費の大半を講金で賄えたことでしょう。しかし、江戸からでも通常二カ月はかかった伊勢参宮の場合は、講金に自費や餞別を加えて旅費を用立てる必要がありました。

近世後期の関東地方で広く普及していたのは代参形式の講ですが、中には「総参り」を計画する講もありました。多摩郡落合村（東京都多摩市）の安政四（一八五七）年の『伊勢太々講連名帳』には「年二三度宛積金いたし、五ヵ年相立候ハヽ、連中一同目出度参宮可致候事[44]」と記されています。落合村の伊勢講では、年に二〜三度の講金の積み立てを五年間にわたって実施することで、講員全員（三六人）で伊勢に旅する総参りを目論んでいたのです。

このように、講のシステムを巧みに使って旅費の多くが賄われましたが、旅立ちに際しては近隣住民や有縁の人々から「餞別」を貰い受ける慣習もありました。『伊勢参宮覚』の旅では、在地の村人三〇人から餞別として計一両二朱五貫六〇〇文（一万二六八八文）を受け取っています[45]。また、旅芸人の富本繁太夫は、浦賀からの旅立ちの際に得意先などから一両（六三〇〇文）を超える餞別を貰い受けました[46]。

講組織や餞別という慣習の存在は、旅にかかる負担を経済的な面から軽減したという意味で、庶民を担い手とする旅の発展にとって欠かせない要因だったといえるでしょう。

ところで、伊勢講を人々に広めることに一役買っていたのが「御師（おんし）」と呼ばれる宗教者でした。伊勢にはたくさんの御師がいて、それぞれ日本の各地に縄張りを持っていました。本章で登場した田中国三郎が住む世田谷地域を取り仕切っていたのは、龍太夫という御師です。御師は手代と呼ばれる営業マンを雇っていて、彼らは定期的に担当エリアを巡回して伊勢神宮のご利益を説き、旅費の調達手段として伊勢講の結成を促すなど、庶民を遠く伊勢の地へといざなう営業努力を怠りませんでした。世田谷には、例年一〇月頃に龍太夫の手代がやって来る慣わしがあったそうです[47]。

いざ庶民が伊勢参宮の旅に出ると、御師は今日のツアーコンダクターにも似た役割を担います。顧客としての旅人が到着すると御師の手代が丁重に出迎え、現地では御師の邸宅に招くなど、宿泊先と食事の手配も行いました。天保六（一八三五）年に等々力村（東京都世田谷区）から伊勢講集団が旅立ちましたが、途中、彼らは伊勢に近い桑名に着いたタイミングで飛脚に依頼して御師の龍太夫に手紙を出し、もうじき到着することを知らせています。(48) これを聞きつけた龍太夫の手代は、伊勢の手前の松坂まで出張し、酒やご馳走を持参して手厚く出迎えました。(49)

もちろん、旅人は御師に対して十分な報酬を現金で支払います。田中国三郎も龍太夫の邸宅に四泊して、金一分（一五七五文）を納めました。(50) これを一泊に換算すると四〇〇文近い金額です。通常の旅籠賃が二〇〇文程度だとすれば倍の額ですが、豪華な食事が付いたスペシャルなおもてなしを考えると、決して法外な値段ではなかったようにも思えます。

このように、御師は現代の旅行業者の先駆けのような存在でした。居住地域を越境することが稀だった時代にあって、人びとを積極的に旅の世界へと引っ張り出した御師は、近世日本の旅文化の発展を支えた立役者だったといえるでしょう。

〈注記および引用・参考文献〉

（1） 磯田道史『武士の家計簿』新潮社、二〇〇三、五五頁

（2） 栗原柳庵「文政年間漫録」『未刊随筆百種　第一巻』中央公論社、一九七六、二九八頁

（3）栗原信充「柳庵雑筆　巻之三」『日本随筆大成　第三期　第二巻』日本随筆大成刊行会、一九二九、三九一頁
（4）鈴木章生『江戸の職人』青春出版社、二〇〇三、一九頁
（5）栗原柳庵、前掲書、二九七―二九八頁
（6）栗原柳庵、前掲書、二九七―二九八頁
（7）神崎宣武『江戸の旅文化』岩波書店、二〇〇四、一三五―一三六頁
（8）栗原柳庵、前掲書、二九七―二九八頁
（9）「万留帳」（一八二六）『世田谷区史料叢書　第十五巻』世田谷区教育委員会、二〇〇〇、一一三頁
（10）田中国三郎「伊勢参宮覚」（一八四五）『伊勢道中記史料』世田谷区教育委員会、一九八四、一一八頁
（11）喜田川守貞「守貞漫稿」（幕末期頃）『近世風俗志（守貞謾稿）（一）』岩波書店、二二八頁
（12）十辺舎一九「東海道中膝栗毛」（一八〇二～〇九）『東海道中膝栗毛（上）』岩波書店、一九七三、八三頁
（13）八隅蘆庵『旅行用心集』須原屋伊八、一八一〇、五丁
（14）喜田川守貞、前掲書、二四三―三二一頁
（15）「東海道宿村大概帳」（一八四三）『近世交通史料集四　東海道宿村大概帳』吉川弘文館、一九七〇、四一一―四一三頁
（16）加藤秀俊「旅行」『講座・比較文化　第四巻　日本人の生活』研究社出版、一九七六、一七五頁
（17）清河八郎「西遊草」（一八五五）『西遊草　清河八郎旅中記』平凡社、一九六九、一五九頁
（18）神崎宣武『おみやげ――贈答と旅の日本文化――』青弓社、一九九七、一八七頁
（19）栗原順庵「（表題不明）」（一八五〇）『伊勢金毘羅参宮日記』金井好道、一九七八、一二―九三頁
（20）田中国三郎、前掲書、四一頁
（21）田中国三郎、前掲書、二九頁
（22）紀伊国屋長三郎「道中記」（一八五一）『ある商家の軌跡――紀伊国屋三谷家資料調査報告書――』千代田区教

育委員会、二〇〇六、一一七―一四〇頁、一五〇―一六一頁

(23) 紀伊国屋長三郎、前掲書、一五〇頁

(24) 紀伊国屋長三郎、前掲書、一五〇頁

(25) 紀伊国屋長三郎、前掲書、一五一頁

(26) 紀伊国屋長三郎、前掲書、一五三頁

(27) 紀伊国屋長三郎、前掲書、一五三頁

(28) 武陽隠士「世事見聞録」(一八一六頃)『世事見聞録』岩波書店、一九九四、二五九頁

(29) 抜け参りとは、旅の自由を持たない民衆がその主人や村役人や親の許しを得ず、無断で参宮することをいいました(藤谷俊雄「抜参」『日本交通史辞典』吉川弘文館、二〇〇三、七一八頁)。近世には、この形態の旅が多く行われました。『嬉遊笑覧』にも「伊勢にぬけ参りといふ事、昔よりありとみゆ。」(喜多村信節「嬉遊笑覧」(一八三〇)『嬉遊笑覧(三)』岩波書店、二〇〇四、三〇頁)と記されています。当時、天照大神と豊受大神を祀る伊勢への信仰心は並々ならぬものがありました。そのため、仕事を放り出し知らぬ間に抜け参りの旅に出て証拠の御札を持ち帰った奉公人に対しても、主人はこれを咎めることはなかったそうです。また、旅が人間を成長させる要素を多分に持っていたこととも関連して、抜け参りは通過儀礼の意味合いを持つようにもなりました。

(30) 十辺舎一九「東海道中膝栗毛」(一八〇二~〇九)『東海道中膝栗毛(上)』岩波書店、一九七三、七九―八二頁

(31) 仲村研「講」『日本史大事典　第三巻』平凡社、一九九三、一二頁

(32) 桜井徳太郎『講集団の研究桜井徳太郎著作集　第八巻』吉川弘文館、一九八八、一三―一四頁

(33) 桜井徳太郎『講集団成立過程の研究』吉川弘文館、一九六二、四頁

(34) 谷釜尋徳「近世農民の娯楽的活動を担った講の役割」『運動とスポーツの科学』一三巻一号、二〇〇七、二七―四六頁

(35) 喜多村信節、前掲書、二八頁
(36) 岩科小一郎『富士講の歴史』名著出版、一九八三、二四三頁
(37) 頼母子講とは「互助的な金融組合。組合員が一定の掛金を出し、一定の期日に抽籤または入札によって所定の金額を順次に組合員に融通する組織。」(新村出編『広辞苑　第七版』岩波書店、二〇一八、一八二二頁)のことです。
(38) 式亭三馬「四十八癖」(一八一七)『新潮日本古典集成浮世床四十八癖』新潮社、一九八二、二九六頁
(39) 世田谷区郷土資料館編『社寺参詣と代参講』世田谷区郷土資料館、一九九二、二一頁
(40) 飯白和子「伊勢参りと伊勢講――その社会経済史的側面について――」『我孫子市史研究』八号、一九八四、七三頁
(41) 世田谷区郷土資料館編、前掲書、三四頁
(42) 青柳周一「富士講と交通――江戸の富士講を題材に――」『交通史研究』三三号、一九九四、一八―二二頁
(43) 世田谷区郷土資料館編、前掲書、三四頁
(44) 「伊勢太々講連名帳」(一八五七)『多摩市史資料編二近世文化・寺社』多摩市、一九九六、五一六頁
(45) 「参宮祝儀受納帳」(一八四五)『伊勢道中記史料』世田谷区教育委員会、一九八四、四四―四六頁
(46) 富本繁太夫「筆満可勢」(一八二八〜三六)『日本庶民生活史料集成　第三巻』三一書房、一九六九、五九八―五九九頁
(47) 大場弥十郎「家例年中行事」(一八〇九)『世田谷区史料　第一集』世田谷区、一九五八、二四六―二四九頁
(48) 著者不明「伊勢参宮日記」(一八三五)『伊勢道中記史料』世田谷区教育委員会、一九八四、一五七頁
(49) 著者不明、前掲書、一五七頁
(50) 田中国三郎、前掲書、八頁

# 第6章 旅人の健脚を支えたもの

近世の庶民の長距離徒歩旅行は、旅人の健脚だけを理由に実現したわけではありません。交通インフラの整備や街道筋に至る貨幣経済の浸透、荷物運搬業の発達など、社会経済的な背景が旅人を後押ししていたのです。また、街道を歩く時には旅人同士の間に一定の慣習があったようで、トラブルを未然に回避するような工夫もなされていました。本章では、このような旅人の健脚を支えた要因に迫ってみましょう。

## 1 交通インフラの整備

近世初頭、幕政の一環として交通体系の一大改変がなされ、参勤交代制度をより円滑なものとするために街道が整備されました。ここでは、旅人の長距離歩行を支えた街道筋の施設をはじめ、当時の道普請の状況にも着目します。

## 街道の施設

### ① 一里塚

近世の街道には、一里塚、道標、並木などの施設がありました。一里塚とは、街道の両側に一里（約三・九km）ごとに土を盛り、その上に一本ないし数本の樹木を植えて里程の目標とした塚のことです。慶長九（一六〇四）年以降、一里塚の築造は交通制度として整えられていきました。

図6－1　現存する東京板橋区の志村一里塚（筆者撮影）

元禄三（一六九〇）年に来日したケンペルは、一七世紀末頃の街道の一里塚について「街道の両側には、一本ないし数本の樹木を植えた二つの丘（一里塚のこと―訳者注）が互いに向い合って築かれていて、里程標として役立つ。[1]」と記しています。また、文政六（一八二三）年に来日したシーボルトも「日本の道標はたいていの道の両側にあるふたつずつの小さい丘で、（中略）一里の丘という意味で一里塚と呼ばれる。[2]」と一里塚を紹介しました。道の両側に築かれた一里塚は、街道を行き交う旅人に歩行距離の目安を提供していたのです。

② 道標

一里塚のほかにも、街道には道標（あるいは石標）と呼ばれる施設が設置されていました。安永四（一七七五）年来日のツュンベリーは「里程を示す杭が至る所に立てられ、どれほどの距離を旅したかを示すのみならず、道がどのように続いているかを記している。この種の杭は道路の分岐点にも立っており、旅する者がそう道に迷うことはない。[3]」と記しています。シーボルトも「一里より短い距離は町によって表わされ、境界線や道標と同じように石に刻まれている。[4]」と一九世紀前半頃の様子を伝えています。このように、道標は旅人に距離に関する詳細な情報を伝え、分岐点では道しるべにもなっていました。旅人は一里塚をもって知ることのできる「里」（一里＝約三・九㎞）の情報と併せて、もう少し細かい「町」（一町＝約一〇九ｍ）の単位にまでおよんで距離の目安を得られたのです。

図6－2は渓斎英泉の『岐阻道中』の一枚で、中山道熊谷宿を描いたものです。図の右側に道標が描かれていますが、これには「右おしぎょうだ道」「左深谷二里廿町」という文字が刻み込まれています。街道の分岐点で行先を示し、次の宿場（深谷宿）までの距離も伝えているのです。

③ 並木

距離や行先を示す標識のほかにも、ケンペルが「木陰をつくって旅行者を楽しませるように、松の木が街道の両側に狭い間隔でまっすぐに並んで植えてある。[5]」と記したように、街道の両側には「並木」が植栽されていました。[6]『武江年表』の慶長九（一六〇四）年の記事には「道の左右に松を栽えしめられ、夏は木陰に休らひ、冬は風を除きて旅人の裨益となし給へり[7]」とあります。並木はある時は旅人に木陰を提供し、ある時は風雨や降雪から身を守る役割を果たすもので、これが徒歩旅行の苦難を軽減するのに一役買っていたといえるでしょう。

図６－２　街道の道標

出典：渓斎英泉画「岐阻道中　熊谷宿　八丁堤ノ景」（1842）国立国会図書館デジタルコレクションより。

図６－３は、広重の『東海道五拾三次』に描かれた東海道吉原宿付近の並木の模様です。多少の誇張表現はあるにしても、延々と続く松並木が旅人を保護するように植栽されていた様子がうかがえます。旅人を覆うようにして植えられた松並木が沿道の田んぼにも配されていますが、並木は常緑樹が一般的でしたので、幕府は隣接する田畑の日照不足への配慮として田畑年貢の一部免除などの政策をとっていたそうです。[8]

図６－３　吉原の松並木

出典：歌川広重画「東海道五拾三次之内　吉原　左富士」（1833）国立国会図書館デジタルコレクションより。

## ④　便所

街道を歩いて長時間移動する最中に、便意をもよおした旅人はどこで用を足したのでしょうか。茶屋などがあれば、そこで便所を借りることもできましたが、街道には茶屋も宿もない場所が無数にあったことは想像がつきます。

ケンペルは街道筋の便所について「百姓家近くの街道筋には、便所として作った粗末な小屋があり、その中にも糞尿が溜めてある。（中略）新しい道がわれわれの眼を楽しませるのに、これとは反対に鼻の方は不快を感ぜずにはいられない[9]」と記します。ツュンベリーも便所については「各家に不可欠な私的な小屋（厠、訳者注）は、日本の村では住居に隣接して道路に向けて建てられている。（中略）通りすがりの旅人は表から、大きな壺のなかに小水をする。[10]」という見聞録を残しました。これは旅人へのサービスであると同時に、近隣の農家にしてみれば、労せずして肥料を回収できるビジネスチャンスでもあったわけです。

このように、街道筋では近隣の農家が設置した便所を旅人が使用していたようです。また、「鼻の方は不快を感ぜずにはいられない」などといった表現は、当時の街道の臭いを今に伝えている点で注目に値します。もしかすると、近世の街道は現代人がイメージするよりも臭かったのかもしれません。

### 街道の路面構造

旅人が歩いた街道の路面はどのような状態だったのでしょうか。幕府が交通体系の改変に着手する以前の街道は、道幅も狭いうえ曲折していて、雨が降るとぬかるみ、きわめて通行困難な状況でした[11]。そのため、幕府は路面への砂敷き、平坦化、溝浚いなどを徹底していきます。ケンペル、ツュンベリー、シーボルトは来日した時代が異なるものの、街道の路面の状態に関して共通した内容を記録しました。彼らの記述によれば、路面には雨水対策として排水口が設けられ、旅人の便宜を図って路面固めもなされ、そのうえに砂が撒かれていたようです。また、大名をはじめ身分の高い人物の通行に際しては、道は予め掃除され、砂埃への対策として水撒きも施されていました[12]。

ところが、こうした道路補修は平野部にとどまり、山間部は放置に近い状態が続いていたそうです[13]。東海道には坂道はそれほど多くありませんでしたが、海抜約八五〇mの箱根峠は近世初頭には平地に比べて整備が行き届かず、旅人は難儀を極めました。そこで、歩行者の便宜を図るため幕府は

図6－4　現存する箱根の石畳道（筆者撮影）

箱根峠に工夫を凝らしました。当初は竹を編んで路面に敷き詰めていましたが、延宝八（一六八〇）年には箱根峠から三島宿までのうち、およそ一〇㎞の区間が排水の設備を施した石畳道に改良されています。

この箱根峠の様子は、箱根町に現存する石畳道の写真（図6－4）からイメージすることができます。当時の状態がそのまま保存されているわけではありませんが、路面に敷かれた石が凸凹な状態だったことは確認できます。

ところで、石畳道は旅人にとって歩きやすい道だったのでしょうか。実際にこの道を歩いた旅人の感想が、享保五（一七二〇）年に鈴木武女という女性が書いた『庚子道の記』に残されています。武女は「今日は坂數多越ゆるに、山駕籠も不要なりとて、歩み苦しき石の上を徒歩にてたどりけるまゝ、いと痛う疲れ困じぬ。[14]」という印象を書き記しました。また、『東海道中膝栗毛』にも「けふは名にあふ筥根八里、はやそろそろと、つま上りの石高道をたどり行ほどに……[15]」と、この道を歩く様子が描写されています。

こうした記述をみても、石畳は旅人にとって決して歩きやすいものではなく、とくに女性の足では困難を極めたのでしょう。それでも、舗装されていない山道に比べれば、排水の設備を備えたこの道はましな方で、その意味では石畳道は旅人の歩行を支えていたことになります。

## 2　身軽な旅を可能にした条件

本書に掲載されている絵画史料を見ると、近世の旅人は長期間におよぶ移動をしていた割りには、あまり多くの荷物を持っていないことに気がつきます。この身軽さが、旅人の長距離歩行を支えた重要なポイントでした。それでは、なぜ身軽な旅が可能になったのでしょうか。以下、いくつかの観点から考えていきましょう。

### 貨幣経済の浸透

道中での軽装を可能にした条件の一つとして、街道筋に至る貨幣経済の浸透をあげることができます。儒学者の荻生徂徠が一八世紀初頭の著作『政談』の中で、「元禄ノ頃ヨリ田舎ヘモ銭行渡テ、銭ニテ物ヲ買コトニ成タリ」[16]と記しているように、元禄期（一六八八〜一七〇四）頃から農村にも貨幣が流通するようになりました。つまりは、都市の貨幣経済が街道筋にまで浸透したことを意味していますが、この事情は旅人の装いを軽くすることに関係しています。旅人はわずらわしい物々交換から解放され、道中の大半の出来事を金銭によって解決できるようになったからです。こうして、必要最低限の物（貨幣）を携行すればよいという身軽な旅が実現したといえるでしょう。

貨幣そのものにも身軽な旅を可能にした要因が潜んでいました。古代の日本では鋳造貨幣（近世でいう金・銀・銭貨）の流通度が低かったため、旅人は道中で必要な物資を購入するために、現物貨幣（布・帛・絹・米など）を持ち歩かなければならず、旅が長期間におよべばそれ相応の運搬の負担を強いられました。[17] 平安末期に宋より大量の銭が輸入されると、中世にかけては鋳造貨幣が広く流通します。現物貨幣よりも軽い鋳造貨幣の流通は、携行品の軽量化や道中の食糧などの購入を可能にしたという点で、旅人の負担を軽減したことに疑う余地はありません。しかし、中世の貨幣は一枚一文という基準価格の極めて低い銅銭に限られていたので、長期間旅をしようとすれば相当な重量の貨幣を持ち歩かなければなりませんでした。[18]

近世には銭貨に加えて貨幣価値の高い金・銀貨が鋳造され流通するようになりますが、このことは旅人が持ち運ぶ貨幣の重さを一気に数一〇〇分の一に軽減しました。金・銀貨が旅に便利だと考えられていたことは、『政談』の「金銀ハ旅ニ自由ニ持ル丶故、遠方ヨリモ早ク帰ルコトナレドモ、銭ハ重キ物ニテ、旅ヲ所持スルニ不便利ナル物ナル上ニ……」[19]という文言からも知ることができます。

近世の旅人は金・銀貨を利用しましたが、一度に使う金額は銭単位で十分でしたので、必要に応じて宿場などで両替しながら旅を行いました。実際に、『参宮道中諸用記』[20]や『伊勢参宮覚』[21]といった旅日記には、道中で頻繁に両替をした様子が記録されています。

近世後期には為替の制度も発達し、旅人による為替の利用が普及しました。『旅行用心集』[22]には「道中所持すべき品」の一つとして「印板」があげられていますが、その理由として「是ハ家内へ其印鑑を残し置　旅先より遣ス書状に引合せ　又金銀の為替等にも其印を用ゆる為の念なり」[23]と説かれています。為替の普及は郷里からの送金を可能にしたため、場合によっては旅費の全額を貨幣として携行しなくてもよかったわけです。

貨幣経済の浸透は、旅人の軽装での歩行を実現しただけではなく、貨幣の携行による紛失や盗難のリスクを軽減することにも繋がっていきました。

### 荷物運搬業の発達

旅人の軽装は、荷物の運搬システムにも支えられていました。一八世紀以降、寺社や名所旧跡付近、あるいは交通の要衝の茶屋などでは荷物の一時預けが行われていました。また、京都に拠点を置く宿屋の従業員が伊勢まで出向き、旅人たちの荷物を伊勢から京都まで運搬することを条件に、やがて京都に着いた時の宿泊先を予め確保するビジネススタイルもあったそうです。[24]

黒沢尻新町（岩手県北上市）から伊勢に旅立った米屋お七は、江戸滞在時に「荷廻し江荷物頼」[25]と記し、荷物の運搬を業者に依頼しています。また、葛飾郡亀戸村（東京都江東区）辺りに居住した牧野き代も、伊勢滞在時に「いせより衣類飛脚ちん」[26]として他地域まで飛脚による荷物（衣類）輸送を利用したことがわかります。

ほかにも、人足や馬を雇って同行しながら荷物を運ぶことも可能でした。例えば、高座郡淵野辺村（神奈川県相模原市）の鈴木しのは、鳳来寺付近で「行者越より鳳来寺迄荷物為持ちん」[27]として一六文を支払っています。「行者越」という難所をクリアするために荷物持ちを雇っているわけです。

旅の道中では、郷里で待つ人々のために土産を購入したり、有名な寺社の御札を手に入れたりしますが、旅が進むにつれてまとまった荷物を携行しながら歩く必要に迫られたことは想像がつきます。第5章でも取り上げたように、郷里への土産物の運搬を業者に依頼したケースもありました。

旅人を荷物の持ち運びから解放する荷物運搬業の発達は、道中での装いをより一層軽くし、長い距離を歩きやすくすることに一役買っていたといえるでしょう。

## 3　歩行者の交通マナー

近世後期の東北地方からの伊勢参宮では、平均一〇人程度で連れ立って旅をしていました（第1章を参照）。これだけの集団が鉢合わせになると、街道は「渋滞」していたのではないかと思えてきます。

実は、旅人の間には集団で歩く時の隊形や互いにすれ違う時の交通マナーがありました。ここでは、旅人の健脚を支えた要因の一つとして、この交通マナーの存在に触れることにします。

### 集団歩行時の旅人の位置関係

絵画史料で旅人同士の位置関係をみると、男性二人連れの旅の場合は大半が横並びの隊形で描かれています（例えば図6－5）。ところが、同行者が三人になると横一列に広がることはなく、縦方向の隊形で会話ができる程度の距離間を保って歩いていたようです（例えば図6－6）。これが四人になると、二人ずつ二列で歩く傾向がみられます（例えば図6－7）。おそらく、近世の旅人は、横に広がら

図6－5　旅人が２人で歩く場合

出典：蔀関月編・画「伊勢参宮名所図会」（1797）『日本名所図会全集11』名著普及会、1985、p.115より。

図6－6　旅人が３人で歩く場合

出典：歌川広重画「東海道五拾三次之内　二川猿ケ馬場」国立国会図書館デジタルコレクションより。

図6－7　旅人が４人で歩く場合

出典：蔀関月編・画「伊勢参宮名所図会」（1797）『日本名所図会全集11』名著普及会、1985、p.57より。

ないように配慮して歩いていたのでしょう。

絵画史料には多人数の旅の一行が描かれることは稀ですが、集団歩行の模様を描いた史料が存在しないわけではありません。例えば、図6-8には、一〇~一一人程度で連れ立って歩く一行の様子が描写されています。一行は、談笑しながらも必要以上に横には膨らまずに、ある程度のまとまりをもって歩いているように見えます。また、図6-9にも多人数で秩序だって歩く旅の集団が描かれています。たとえ同行者が多人数におよぼうとも、当時の旅人は無秩序に横に広がって歩くことはな

図6－8　旅人が多人数で歩く場合の隊形①

出典：歌川広重画「名所江戸百景」(1856～58) 国立国会図書館デジタルコレクションより。

図6－9　旅人が多人数で歩く場合の隊形②

出典：竹原信繁画「二十四輩順拝図会」(1803)『絵が語る知らなかった江戸のくらし　諸国街道の巻』遊子館、2009、p. 75より。

かったと考えたいものです。

### すれ違う時の交通マナー

① 街道の道幅

近世の旅の集団は、横に膨らまないように配慮して歩いていましたが、この傾向は街道の道幅とも関係がありました。この時代、街道の道幅について規定はありませんでしたが、一般的には人馬が行き交うことができる二間（約三・六m）以上の幅が必要で、それより狭い所は拡張したといわれています。[28] **表6－1**は天保一四（一八三四）年の幕府の調査記録『東海道宿村大概帳』[29]をもとに、東海道の道幅を一覧表にしたものです。

**表6－1**によれば、近世後期の東海道の道幅は概ね三～四間（約五・四～七・二m）の幅で設定されています。当時の日本一の幹線道路とはいえ、それほど広くはありませんでした。また、江戸に近い地域では三～五間（約五・四～九m）の所が多く、駿府城・浜松城のある府中・浜松あたりでは八間（約一四・四m）とられていました。山間部、すなわち箱根峠のある小田原～三島間、宇津谷峠のある鞠子～岡部間、鈴鹿峠付近の坂下あたりは二間（約三・六m）程度で、それより狭い二m台の道幅の区間もありました。

この時代の庶民は比較的多人数で旅をする傾向にあり、二桁にのぼる旅の集団が街道筋で絶えず往

表６－１　『東海道宿村大概帳』にみる東海道の道幅

| 区間 | 道幅 | m 換算 | 区間 | 道幅 | m 換算 |
|---|---|---|---|---|---|
| ～品川 | 記載なし | | ～見附 | 2.5～４間 | 4.5～7.2m |
| ～川崎 | ３～５間 | 5.4～９m | ～浜松 | ２～8.5間 | 3.6～15.3m |
| ～神奈川 | ３～５間 | 5.4～９m | ～舞坂 | ２～８間 | 3.6～14.4m |
| ～保土ヶ谷 | ３～５間 | 5.4～９m | ～新居 | ２～５間 | 3.6～９m |
| ～戸塚 | ３～4.5間 | 5.4～8.1m | ～白須賀 | ３～４間 | 5.4～7.2m |
| ～藤沢 | 3.5～４間 | 6.3～7.2m | ～二川 | ２～３間 | 3.6～5.4m |
| ～平塚 | ３～５間 | 5.4～９m | ～吉田 | ２～７間 | 3.6～12.6m |
| ～大磯 | ３～3.5間 | 5.4～6.3m | ～御油 | 2.5～４間 | 4.5～7.2m |
| ～小田原 | ３～5.5間 | 5.4～9.9m | ～赤坂 | ２～４間 | 3.6～7.2m |
| ～箱根 | 1.5～６間 | 2.7～10.8m | ～藤川 | 2.5～3.5間 | 4.5～6.3m |
| ～三島 | ２～４間 | 3.6～7.2m | ～岡崎 | 1.5～４間 | 2.7～7.2m |
| ～沼津 | ２～3.5間 | 3.6～6.3m | ～池鯉鮒 | ２～５間 | 3.6～９m |
| ～原 | ３～４間 | 5.4～7.2m | ～鳴海 | ２～4.5間 | 3.6～8.1m |
| ～吉原 | ３～４間 | 5.4～7.2m | ～宮 | ３～４間 | 5.4～7.2m |
| ～蒲原 | 2.5～4.5間 | 4.5～8.1m | ～桑名 | 海上７里 | |
| ～由比 | 2.5～４間 | 4.5～7.2m | ～四日市 | 2.5～４間 | 4.5～7.2m |
| ～興津 | 2.5～４間 | 4.5～7.2m | ～石薬師 | 2.5～４間 | 4.5～7.2m |
| ～江尻 | 2.5～４間 | 4.5～7.2m | ～庄野 | 1.5～３間 | 2.7～5.4m |
| ～府中 | 2.5～８間 | 4.5～14.4m | ～亀山 | ２～３間 | 3.6～5.4m |
| ～鞠子 | ４～6.5間 | 7.2～11.7m | ～関 | 1.5～３間 | 2.7～5.4m |
| ～岡部 | ９尺～２間 | 2.7～3.6m | ～坂下 | ２～３間 | 3.6～5.4m |
| ～藤枝 | 2.5～３間 | 4.5～5.4m | ～土山 | ２～３間 | 3.6～5.4m |
| ～島田 | ３～3.5間 | 5.4～6.3m | ～水口 | 1.5～３間 | 2.7～5.4m |
| ～金谷 | ４間 | 7.2m | ～石部 | ２～３間 | 3.6～5.4m |
| ～日坂 | ３～４間 | 5.4～7.2m | ～草津 | ２～３間 | 3.6～5.4m |
| ～掛川 | ３～4.5間 | 5.4～8.1m | ～大津 | 2.5～３間 | 4.5～5.4m |
| ～袋井 | ３～４間 | 5.4～7.2m | ～京都 | 2.5～３間 | 4.5～5.4m |

出典：「東海道宿村大概帳」(1834)『近世交通史料集４』吉川弘文館、1970より作成。
※上記の表では、１間＝６尺＝約1.8m／１尺＝約30.3cm で計算しました。

来していたとみられます。[30] 元禄三（一六九〇）年に東海道を旅したケンペルは「この参詣の旅（伊勢参宮―引用者注）は一年中行なわれるが、特に春が盛んで、それゆえ街道はこのころになると、もっぱらこうした旅行者でいっぱいになる。[31]」と書き綴りました。これが近世を通じた実状をいい当てているなら、当時の街道の道幅は旅人の往来に対して十分なゆとりが確保されていたとはいい難く、複数の旅の集団がすれ違う場面では渋滞が起こっていたはずです。

### ② 交通マナー

こうした街道事情を背景として、近世の街道では狭い道幅に対応するために、往来の旅人同士が行き交う際のマナーがありました。ケンペルは、その交通マナーについて「日本国内の仕来りに従っていうと、上りの、すなわち都（Miaco）に向って旅する者は道の左側を、下りの、つまり都から離れて向う者は、右側を歩かねばならないのであって、こうした習慣は定着して規則となるに至った。[32]」と記録しました。それから約八〇年後に日本の街道を旅したツュンベリーも、「きちんとした秩序や旅人の便宜のために、上りの旅をする者は左側を、下りの旅をする者は右側を行く。[33]」との見聞を書き留めています。

いずれも「上り」の旅をした際の記録ですが、彼らの証言によると、近世の街道には旅人がすれ違う際に「左側通行」の慣習があったことが浮かび上がってきます。旅をした年代が異なる二人がほぼ同様の現象を書き記していることからみても、これは近世日本の街道で定着していた交通マナーだったのではないでしょうか。

街道の左側通行は日本人の手によっても書き残されています。天保七（一八三六）年刊行の旅行案内書『増補海陸行程細見記』には、「往来順路」という項目のなかに「道中ハ自分左り手の方を通行すべし　高貴方に往逢たるときは猶更こゝろえ　右へよければ慮外と知るべし[34]」との注意が促されています。当時の日本人が左側通行を強く意識していたことを類推させるものです。実際に、徳島藩の寛政一二（一八〇〇）年の法令では往来は左側通行とする旨が定められ、これは「天下之御作法」だと謳われていたそうです[35]。

それでは、旅人はなぜ右側ではなく左側を通行することになったのでしょうか。時代考証家の名和弓雄は、街道筋に限らず路上での左側通行について説明しています。名和によると、かつての日本では左側通行の慣習がありましたが、それは武士が左腰に帯刀して歩いていたため、右側通行では武士同士がすれ違う際に鞘が当たって揉め事が勃発してしまいます。その点、左側通行であれば鞘の接触が避けられ、トラブルを未然に防ぐことができるため、左側を歩くことが定着したというのです[36]。これを図示すれば、図6－11のようになります。

また、左腰に帯刀する武士は、左側から攻撃されると即座に返り討ちにすることが難しいため、左側から他人が接近することを避ける意味合いで左側通行を選び採ったと考えることもできるそう

武士が右側通行をしたら？

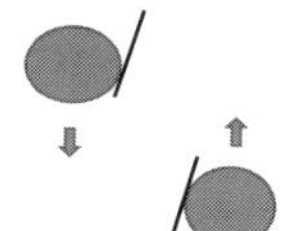


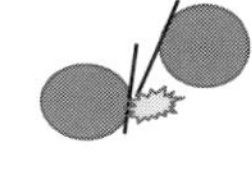


武士が左側通行をしたら？

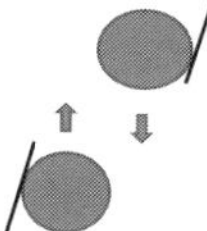


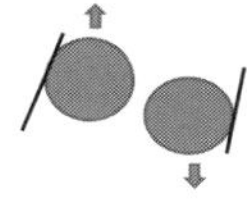


図６－11　武士の帯刀と通行エリアとの関係

です。[37]

左側通行の慣習は、明治期に入ってからもしばらくの間は踏襲されています。『明治事物起源』によれば、明治七（一八七四）年の時点で東京の日本橋は通行帯が三区分されており、車（荷車、人力車など）や馬は橋の中央を通行し、その両端を人が左側通行で往来するように定められていたそうです。[38]

このように、道幅の狭い近世日本の街道では、すれ違う際に歩く位置が暗黙裡に左側と決まっていて、それは武士の帯刀の問題と関わっていると考えられてきました。そもそも、旅人が歩んだ近世の主要街道が、幕府の参勤交代制度を円滑に推進するために整備されたことを思えば、武士の事情が街道の慣習に反映されたとしても不思議ではありません。

近世の街道に存在した交通マナーは、狭い道幅に対してお互いに配慮し合うという他者への心配りをベースに成り立っていました。現代人も見習うべきところがありそうです。

〈注記および引用・参考文献〉

（1）ケンペル「江戸参府旅行日記」（一七七七～七九）斎藤信訳『江戸参府旅行日記』平凡社、一九七七、一六頁
（2）シーボルト「江戸参府紀行」（一八九七）斎藤信訳『江戸参府紀行』平凡社、一九六七、二一頁
（3）ツュンベリー「江戸参府随行記」（一七九三）高橋文訳『江戸参府随行記』平凡社、一九九四、一〇七頁
（4）シーボルト、前掲書、二一頁
（5）ケンペル、前掲書、一八頁
（6）街道の並木は、果樹は傷みやすく維持が困難であり、落葉樹では冬期に風雨や降雪から旅行者を保護できないなどの理由から常緑樹が大勢を占め、樹種は松が主流であったといわれています（武部健一『ものと人間の文化史　道Ⅱ』法政大学出版局、二〇〇三、一二四―一二五頁）。
（7）斎藤月岑ほか編「武江年表」『増訂武江年表1』平凡社、一九六八、一一頁
（8）武部健一、前掲書、一二四頁
（9）ケンペル、前掲書、一九頁
（10）ツュンベリー、前掲書、一三七―一三八頁
（11）丸山雍成「近世の陸上交通」『交通史』山川出版社、一九七〇、一一一頁
（12）ケンペル、前掲書、一八頁／ツュンベリー、前掲書、一〇六頁／シーボルト、前掲書、二〇―二一頁
（13）丸山雍成、前掲書、一一三頁
（14）鈴木武女「庚子道の記」（一七二〇）『江戸時代女流文学全集　第三巻』日本図書センター、一九七九、二一四頁
（15）十辺舎一九「東海道中膝栗毛」（一八〇二～〇九）「東海道中膝栗毛（上）」岩波書店、一九七三、一〇九頁
引用文中の「石高道」とは「石の多いでこぼこ道」（「石高道」『角川古語大辞典　第一巻』角川書店、一九八二、二二七頁）のことを指していると思われます。

(16) 荻生徂徠「政談」(一七二五頃)『荻生徂徠』岩波書店、一九七三、三三〇頁
(17) 新城常三『新稿　社寺参詣の社会経済史的研究』塙書房、一九八二、一三二頁
(18) 新城常三『庶民と旅の歴史』日本放送出版協会、一九七一、五九頁
(19) 荻生徂徠、前掲書、三三五頁
(20) 今野於以登「参宮道中諸用記」(一八六二)『本荘市史　史料編Ⅳ』本庄市、一九八八、六一〇—六四一頁
(21) 田中国三郎「伊勢参宮覚」(一八四五)『伊勢道中記史料』世田谷区教育委員会、一九八四、一一四一頁
(22) 為替とは「遠隔地間の取引・貸借を決済するのに、現金でなく、手形をもってする方法」(豊田武「為替」『日本風俗史事典』弘文堂、一九七九、一三三頁)のことを指します。
(23) 八隅蘆菴『旅行用心集』須原屋伊八、一八一〇、三七頁
(24) 桜井邦夫「近世の道中日記にみる手荷物の一時預けと運搬」『大田区立郷土博物館紀要』九号、一九九九、三七五—一二六頁
(25) 米屋和吉「道中記」(一八五三)『北上市史　第十二巻　近世一〇』北上市史刊行会一九八六、一三八頁
(26) 牧野勘四郎「道中記」(一八〇九)『江東区資料牧野家文書二』江東区教育委員会生涯学習課、一九九五、二八頁
(27) 鈴木理平「道中日記帳」(一八五二)『相模原市立図書館古文書室紀要』一一号、一九八八、五一頁
(28) 丸山雍成、前掲書、一一四頁
(29) 「東海道宿村大概帳」(一八三四)『近世交通史料集四』吉川弘文館、一九七〇
(30) 石川英輔「数字で読む江戸時代の東海道」『歩きたくなる大名と庶民の街道物語』新人物往来社、二〇〇九、一六二頁
(31) ケンペル、前掲書、四九頁
(32) ケンペル、前掲書、一六頁

(33) ツュンベリー、前掲書、一〇六頁
(34) 鳥飼酔雅子「増補海陸行程細見記」(一八三六)『道中記集成　第25巻』大空社、一九九六、三〇二頁
(35) 原田伴彦『道中記の旅』芸艸堂、一九八三、二三八頁
(36) 名和弓雄『間違いだらけの時代劇』河出書房新社、一九八九、一九頁
(37) 名和弓雄、前掲書、一九頁
(38) 石井研堂『明治事物起源』橋南堂、一九〇八、七一―七二頁

# 第7章　近代化による旅の変化

明治の世の中になり近代化が進むと、日本人の旅は大きく変わりました。旅に限っていえば、近世と近代の間に生じた最も大きな変化は交通手段の発達です。人力車や馬車も普及しましたが[1]、特に鉄道の登場によって、歩く旅は次第に姿を消し、旅のスピード化の時代がやってきました。

日本の鉄道運行は、明治五（一八七二）年の新橋～横浜間の開通にはじまりますが、旅行文化そのものに大きな変革をおよぼしたポイントは、明治二二（一八八九）年の東海道線の全線開通だといわれています[2]。男性が二週間以上かけて歩いた東京～神戸間をたった一日で結ぶ蒸気機関車の存在は、旅のあり方にも影響を与えました。

だからといって、汽車のみに依存する旅の時代がある日突然に訪れたわけではありません。少なくとも明治二〇年代までは、鉄道が普及を見せながらも徒歩旅行の伝統が生き残っていました。旅の歴史における近世と近代の過渡期です。それでは、汽車移動と徒歩移動を組み合わせた当時の旅人は、どのような旅をしていたのでしょうか。

本章では、一般庶民の旅が近世的なものから近代的なものへと変わっていく過渡期の事情を見ていくことにしましょう。

## 1 明治二九年の岩手県からの伊勢参宮

### 『伊勢参宮　四国礼拝　西国順礼道中記』の旅

新暦の明治二九（一八九六）年一月一七日、一〇名の男性が岩手県の花巻を旅立ちました。三月一三日に帰着するまでの五七日間におよぶ日本周遊旅行のはじまりです。一〇名のうちの一人、菅原豊治という人物が旅の詳細を日記に書き留めていました。『伊勢参宮　四国礼拝　西国順礼道中記』(3)（以下『道中記』と略称）と命名されたこの旅日記には、文字通り三重県の伊勢神宮、四国は香川県の金毘羅神社への参詣に加えて西国三十三所順礼が組み込まれた旅の一部始終が詳しく記録されています。所々、道中の行動が時刻と並んで記されていますが、すべて「〇時〇分」という表記になっていて、この時代には西洋由来の定時法が浸透していた様子がうかがえます。史料の著者、菅原豊治については、岩手県花巻の出身ということ以外の人物像はわかりません。

この旅が行われた明治二〇年代は、東海道線や東北線の全線開通をはじめ日本国内の鉄道網が充実してきた時期と重なります。時代を反映するかのように、豊治たちは汽車移動と徒歩移動を組み合わせた旅をしながら、その目的地やルートは近世的な旅の世界を忠実に再現しています。『道中記』は、日本の庶民層の旅が、交通手段の発達を背景に大きく変化していく過渡期の一断面を切り取った貴重な記録だといえるでしょう。

### 旅のルート

『道中記』の旅のルートを地図上に復元したものが図7－1です。汽車を巧みに利用して東京や横浜経由で東海地方まで移動し、伊勢参宮を達成した後は、近畿の高野山、奈良、大阪を巡りました。その後は船で四国に渡って金毘羅神社に詣で、さらに中国地方まで足を延ばしています。京都出発後は中山道で長野の善光寺に至り、帰りは日光にも立ち寄ってから汽車で東北線を北上して花巻に戻りました。

このルートは、近世に東北地方から伊勢参宮をした庶民のルートと重なっています。第1章で見たように、近世の東北地方からの伊勢参宮ルートは、大別して「近畿周回型」、「四国延長型」、「富士登山セット型」でしたが、『道中記』のルートは、このうち「四国延長型」に似ています。ただし、帰路に長野の善光寺に参った後、日本海側には抜けずに群馬、栃木方面を経て往路と同じルートで帰着している点が異なります。これは、当時、日本海沿岸を北上するルートには、まだ鉄道が敷設されて

図７－１　『道中記』の旅のルート

出典：菅原豊治『伊勢参宮　四国礼拝　西国順礼道中記』1896より作成。

いなかったことと関係しているのかもしれません。

歴史学者の山本光正は、千葉県柏からの明治二七（一八九四）年の伊勢参宮を例に出して、「鉄道が中心となった旅というより、近世の旅の中に鉄道が入り込んだと表現したほうがよいであろう。[4]」という見解を示しています。『道中記』の旅も、漏れなくこの傾向に含み入れることができるでしょう。

## 旅の日数と季節

『道中記』は五七日間の旅でした。今日的な感覚では大旅行の部類に入ります。この日数を、近世にほぼ同様のルートを辿った東北地方からの伊勢参宮と比べてみましょう。表7－1は、近世後期の東北地方からの伊勢参宮のうち、『道中記』と近い「四国延長型」のルートを示す旅日記を抽出し、一覧表にしたものです。近世の東北地方の人々は、最短でも六〇日間、最多では一四二日間、平均的に見ると八〇日間程度をかけて旅をしていたことがわかります。これが歩くことをメインにしていた時代の実情です。一方、『道中記』の旅が五七日間だったことを考えると、交通手段の発達が旅のスピード化を招いたことは明らかでしょう。

次に、『道中記』の旅が行われた季節に着目します。表7－1の「旅の時期」の欄を見ると、近世後期に東北地方から伊勢参宮をした旅人は、農繁期にかからない冬の農閑期を中心に選んでいたこと

表7－1　近世後期における東北地方からの伊勢参宮の日数

| 表題 | 年代 | 旅の時期（旧暦） | 総日数 |
|---|---|---|---|
| 西国道中記 | 1783 | 2. 6～6. 27 | 142 |
| 伊勢参宮道中記 | 1786 | 2. 4～6. 17 | 124 |
| 伊勢参宮所々名所並道法道中記 | 1794 | 1. 16～4. 16 | 90 |
| 道中記 | 1799 | 6. 27～9. 21 | 77 |
| 遠州秋葉・伊勢参宮道中記 | 1805 | 11. 11～1. 11 | 60 |
| 御伊勢参宮道中記 | 1805 | 1. 10～3. 18 | 67 |
| 道中記 | 1814 | （不明） | 86 |
| 伊勢参宮西国道中記 | 1818 | 10. 21～1. 25 | 93 |
| 伊勢参宮旅日記 | 1823 | 1. 6～4. 3 | 86 |
| 伊勢道中記 | 1826 | 1. 14～4. 15 | 92 |
| （表題不明） | 1830 | 1. 9～閏3. 8 | 86 |
| （表題不明） | 1831 | （不明） | 66 |
| 万字覚帳 | 1835 | 2. 5～5. 2 | 75 |
| 道中日記 | 1836 | 1. 26～4. 29 | 90 |
| 伊勢参宮道中日記帳 | 1841 | 1. 5～3. 10 | 96 |
| 西国道中記 | 1841 | 12. 11～2. 8 | 85 |
| 道中記 | 1849 | 1. 26～4. 29 | 79 |
| （表題不明） | 1849 | 10. 15～1. 9 | 83 |
| 道中日記帳 | 1856 | 2. 1～4. 17 | 73 |
| 道中記 | 1857 | 1. 25～5. 15 | 109 |
| 伊勢参宮并熊野三社廻り金毘羅参詣　道中道法附 | 1859 | 2. 9～5. 29 | 104 |

出典：谷釜尋徳「近世における東北地方の庶民による伊勢参宮の旅の歩行距離――旅日記（1691～1866年）の分析を通して――」『スポーツ健康科学紀要』12号、2015、pp. 32–33より作成。

がわかります。これは東北地方だけではなく、近世の伊勢参宮に関して全国的に見られた傾向でした。(5)『道中記』の旅の時期は、旧暦に読み替えると一二月三日から二月四日です。菅原豊治たち一〇名が農業従事者だったかどうかは不明ですが、近世的な旅の形式を踏襲していたと考えることができます。

## 2　道中の移動手段

『道中記』の旅の移動手段は汽車と徒歩が大半を占め、その中に人力車や馬車の利用がわずかに確認できます。以下では、豊治たちの汽車移動と徒歩移動を取り上げ、当時の実情を踏まえながら考えてみましょう。

### 汽車移動

この時代には、明治二二（一八八九）年の東海道線開通を皮切りに、明治二三（一八九〇）年の上野〜日光間、草津〜四日市間、明治二四（一八九一）年の上野〜青森間、明治二六（一八九三）年の上野〜直江津間の開通など、次々と日本国内に鉄道網が張り巡らされていきます。また、明治二七（一八九四）年に山陽鉄道の神戸〜広島間が開通したことによって、日清戦争の際に東日本から大量の兵士が出港地の広島まで輸送されました。(6)

名立たる神社仏閣に観光客を運ぶための路線も敷かれました。豊治たちが利用した鉄道でいえば、明治二六（一八九三）年開通の参宮鉄道（津〜宮川間）、明治二七（一八九四）年開通の総武鉄道（本所〜佐倉間）などが該当します。

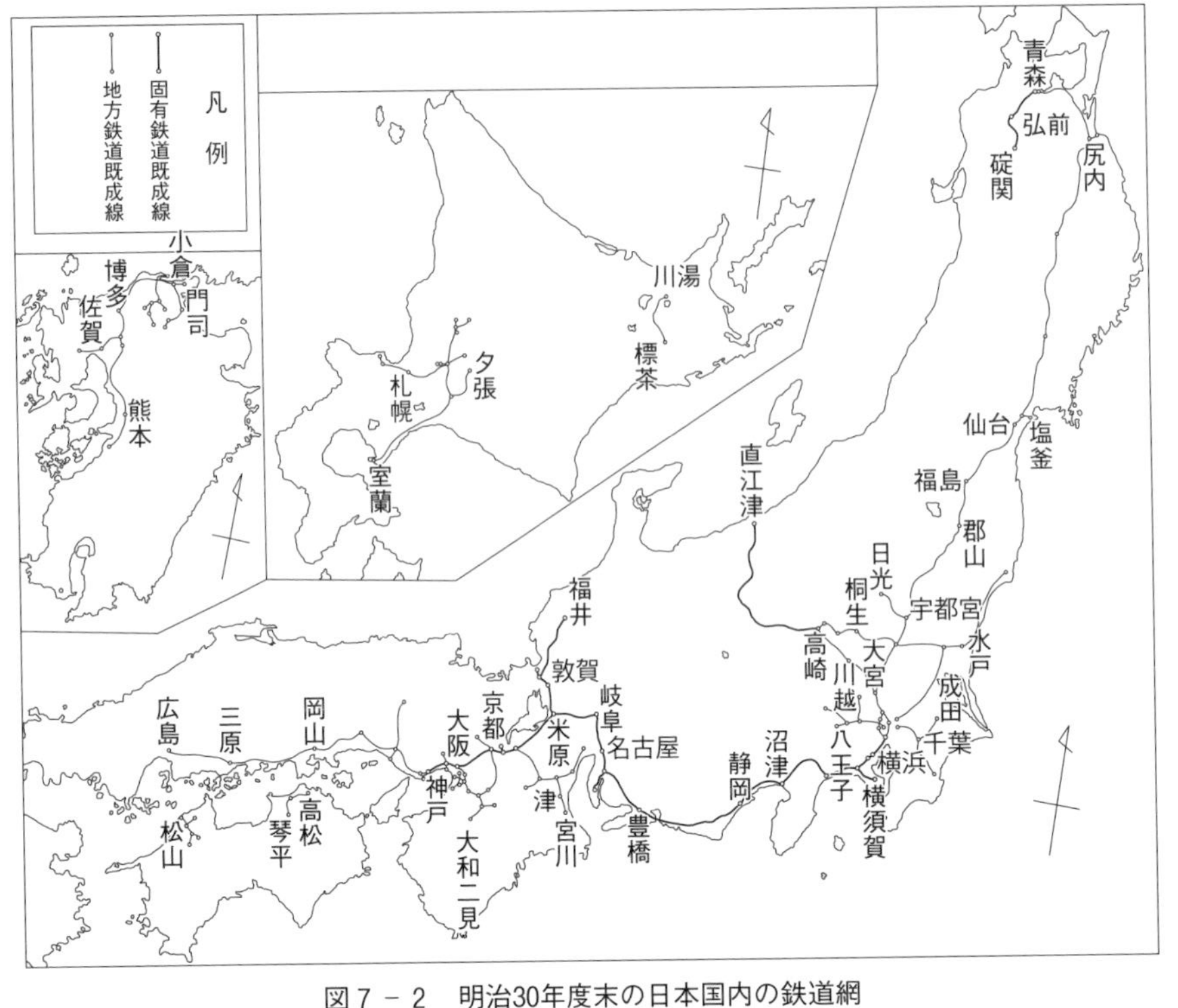

図７－２　明治30年度末の日本国内の鉄道網

出典：日本国有鉄道編『鉄道技術発達史　第２篇　第１』日本国有鉄道、1959より作成。

図7－2は、明治三〇（一八九七）年度末時点の日本国内の鉄道敷設状況を示したものです。『道中記』の旅が行われた明治二九（一八九六）年とそこまで大きく変わるところはありません。図7－1の地図上で鉄道を利用した区間を確認してみると、豊治たちは鉄道が敷かれている区間では汽車に乗る傾向にあったことがわかります。もちろん、鉄道が通っていても徒歩を選択するケースもあれば、鉄道開通前の区域であっても、そのエリアを旅程から除外せずに歩いて移動しています。鉄道を積極的に利用しながらも、近世的な旅の世界を追いかけようとする感覚がそこには見られました。

表7－2は豊治たちの汽車移動の情報を一覧にしたものです。汽車に乗った日には発着時刻が記されている場合が多く、豊治が道中で時間を気にかけていた様子がうかがえます。このことは、彼が几帳面だったというよりも、当時の一般的な感覚を示すものでした。鉄道の開業によって、日本人は太陽の位置を基準とする「刻・半刻」といった大まかな不定時法から、「分・秒」きざみでの西洋的な定時法へと時間認識の改革を迫られたからです。[7]

一覧表から『道中記』の汽車の利用状況がわかりますが、これだけでは彼らが鉄道から受けた恩恵がはっきりしません。そこで、豊治たちとほぼ同一ルートで、日詰郡山（岩手県二戸市）から文化一一（一八一四）年に伊勢参宮をした男性の旅日記を見ると、在地を出立後、江戸に着いたのは一九日目、伊勢到着は三五日目のことでした。[8]一方、『道中記』では花巻を旅立ってから東京に着いたのは

表7－2　『道中記』における汽車の乗車

| 日付（新暦） | 乗車区間 | 発車時刻 | 到着時刻 | 汽車賃 |
|---|---|---|---|---|
| 1月17日 | 花巻～松島 | 12時50分（花巻発） | 20時00分（松島着） | 2円2銭（花巻～宇都宮） |
| 1月18日 | 塩釜～仙台 | | 11時40分（仙台着） | |
| 1月19日 | 仙台～上野 | 7時00分（仙台発） | 20時00分（上野着） | 79銭（宇都宮～上野） |
| 1月23日 | 本所～佐倉 | 6時30分（本所発） | | 40銭（本所～佐倉） |
| | 佐倉～本所 | 16時30分（佐倉発） | | |
| 1月24日 | 川崎～横浜 | | | 8銭（川崎～横浜） |
| 1月25日 | 横浜～大船 | 10時22分（横浜発） | | 11銭（横浜～大船） |
| 1月26日 | 藤沢～興津 | 7時58分（藤沢発） | | 1円58銭（藤沢～豊橋）<br>※この日は興津下車 |
| 1月27日 | 静岡～豊橋 | 11時27分（静岡発） | 16時00分（豊橋着） | |
| 1月28日 | 豊橋～宮川 | 7時00分（豊橋発） | 15時00分（宮川着） | 1円27銭（豊橋～宮川） |
| 2月14日 | 初瀬～奈良 | | 11時00分（奈良着） | 23銭（初瀬～奈良） |
| 2月16日 | 住吉神社～大坂 | | | 4銭（住吉神社～大坂） |
| 2月21日 | 藤井～龍野 | 13時20分（藤井発） | | 48銭（藤井～龍野） |
| 2月25日 | （不明）～山崎 | | | 5銭（不明～山崎） |
| 2月27日 | 山科～大津 | 19時00分（山科発） | | 8銭（山科～大津） |
| 3月1日 | 彦根～垂井 | 8時16分（彦根発） | | 20銭（彦根～垂井） |
| 3月2日 | 岐阜～清須 | 13時00分（岐阜発） | | 14銭（岐阜～清須） |
| 3月9日 | 善光寺～軽井沢 | 15時10分（善光寺発） | | 60銭（善光寺～軽井沢） |
| 3月10日 | 軽井沢～大間々 | 6時20分（軽井沢発） | | 42銭（軽井沢～前橋）<br>18銭（前橋～大間々） |
| 3月12日 | 日光～仙台 | 14時20分（日光発）<br>18時00分（宇都宮発） | | 2円25銭（日光～花巻） |
| 3月13日 | 仙台～花巻 | 8時00分（仙台発） | 12時00分（花巻着） | |

出典：菅原豊治『伊勢参宮　四国礼拝　西国順礼道中記』1896より作成。

わずか三日目で、伊勢までは九日間で移動しています。鉄道の普及が日本人の旅文化を大きく変えたことに疑う余地はありません。(9)

表7－2には、日記に書き残された「汽車賃」も掲載しました。汽車の利用には相応の経済的な負担が発生しますので、豊治は汽車賃の割引の有無にも敏感でした。静岡の興津駅で下車した地点では「注意　東海道線路ハ遠近ノ割引ナシ(10)」、奈良駅で下車した際には「私設鉄道割引アリ(11)」と記しています。

このように、汽車に乗って一足飛びに移動できる時代がやってきてからは、近世的な旅の楽しみ方をそのまま実行することは難しくなりました。人間が歩く速度で旅が進んでいた近世には、行く先々の道中の異文化世界に触れて見聞を広めることが大きな意味を持っていたからです。喜多村信節が江戸後期の『嬉遊笑覧』の中で「神仏に参るは傍らにて、遊楽をむねとす。(12)」と記したのは、寺社への信仰を名目に掲げて道中で熱心に遊ぶという、当時の旅のあり様を見事にいい当てています。(13)鉄道の登場によって、目的地間のエリアは車窓から眺めるだけの「通過地」となってしまい、旅の道中は次第に省略化されていきました。(14)

ただし、明治二〇年代の旅の中から、近世的な感覚が完全に消失したわけではありませんでした。豊治は藤沢～豊橋間の乗車券を購入していますが、興津で途中下車して近郊の名所を歩き回って見物しています。その模様を「興津出口ニ清見寺登参スヘシ　三保ノ松原　田子ノ浦ニテ眺望景色宜シキ所ナリ[15]」、「竜源寺有　前ト同シク風雅宜シ必ス参ベシ　古今無双ノ景地ナリ[16]」と記し、満足した様子です。名所見物に重きをおいた近世的な旅の楽しみ方がそこにはありました。

## 徒歩移動

菅原豊治たちは頻繁に汽車に乗りましたが、全行程の五七日間のうち、四四日間は徒歩移動をともなう旅でした。徒歩と汽車を組み合わせて移動している日も多く見られます。豊治たちは鉄道が敷設されていないエリアではしっかりと歩いていました。

**表7‐3**は、『道中記』の内容から歩いた区間とその距離を一覧にしたものです。史料には歩いた区間の距離が旧来の「里・丁」の単位で記載されているので、それを「km」法に置き換えました（一里＝約三・九km／一丁＝約一〇九m）。豊治たちの総歩行距離は、実に約一二四〇kmに及びます。一日に歩いた最も長い距離は、和歌山県の湯峰〜田辺間の五七・七kmで、一日あたりの平均は約二八kmです。四四日間の内訳として、一日ごとの歩行距離を一〇km単位でカウントしていくと、一桁台が三日、一〇km台が一四日、二〇km台が六日、三〇km台が一一日、四〇km台が六日、五〇km台が四日となります。

ここで、豊治たちの歩行距離を近世の旅人と比較してみましょう。近世後期に東北地方から伊勢参宮をした庶民の旅日記の中から、『道中記』と近いルート（四国延長型）を辿った旅の歩行距離を示し

表７－３『伊勢参宮　四国礼拝　西国順礼道中記』における歩行距離

| 日数 | 新暦 | 出立 | 宿泊 | 天候 | 歩行距離 | 歩行区間 |
|---|---|---|---|---|---|---|
| 1日目 | 1月17日 | 花巻 | 高城 | | | |
| 2日目 | 1月18日 | 高城 | 仙台 | | | |
| 3日目 | 1月19日 | 仙台 | 上野 | 晴 | | |
| 4日目 | 1月20日 | 上野 | 馬喰町 | 晴 | | |
| 5日目 | 1月21日 | 馬喰町 | 馬喰町 | 晴 | | |
| 6日目 | 1月22日 | 馬喰町 | 馬喰町 | 晴 | | |
| 7日目 | 1月23日 | 馬喰町 | 本所 | 晴 | 13.6km | 佐倉～成田 |
| 8日目 | 1月24日 | 本所 | 横浜 | 晴 | 17.5km | 本所～川崎 |
| 9日目 | 1月25日 | 横浜 | 江の島 | 晴 | 11.7km | 大船～江の島 |
| 10日目 | 1月26日 | 江の島 | 久能 | | 16.7km | 江の島～藤沢<br>興津～久能 |
| 11日目 | 1月27日 | 久能 | 豊橋 | | 11.7km | 久能～静岡 |
| 12日目 | 1月28日 | 豊橋 | 泉館太夫宅 | | 7.4km | 宮川～宇治 |
| 13日目 | 1月29日 | 泉館太夫宅 | 泉館太夫宅 | | | |
| 14日目 | 1月30日 | 泉館太夫宅 | 二見 | 晴 | 17.5km | 内宮～二見 |
| 15日目 | 1月31日 | 二見 | 栃原 | 晴 | 33.3km | 二見～栃原 |
| 16日目 | 2月1日 | 栃原 | 長浜 | 晴 | 51.1km | 栃原～長浜 |
| 17日目 | 2月2日 | 長浜 | 三輪崎 | 晴 | 11.7km | 三輪崎～新宮<br>新宮～三輪崎 |
| 18日目 | 2月3日 | 三輪崎 | 那智山 | 晴 | 19.4km | 宿屋～那智山 |
| 19日目 | 2月4日 | 那智山 | 湯峰 | 雨 | 15.0km | 那智～小口<br>船着場～湯峰 |
| 20日目 | 2月5日 | 湯峰 | 湯峰 | 雨 | 5.2km | 湯峰～本宮<br>本宮～湯峰 |
| 21日目 | 2月6日 | 湯峰 | 田辺 | 晴 | 57.7km | 湯峰～田辺 |
| 22日目 | 2月7日 | 田辺 | 原谷 | | 35.2km | 田辺～原谷 |
| 23日目 | 2月8日 | 原谷 | 和歌山市 | 晴 | 48.2km | 原谷～紀三井寺<br>和歌の浦～和歌山市 |
| 24日目 | 2月9日 | 和歌山市 | 粉川 | 雨 | 13.6km | 和歌山市～八軒屋<br>（不明）～粉川 |
| 25日目 | 2月10日 | 粉川 | 遍照光院 | 晴 | 27.8km | 粉川～遍照光院 |
| 26日目 | 2月11日 | 遍照光院 | 遍照光院 | | 7.6km | 遍照光院～奥の院<br>奥の院～遍照光院 |
| 27日目 | 2月12日 | 遍照光院 | 河田 | 晴 | 35.1km | 遍照光院～河田 |
| 28日目 | 2月13日 | 河田 | 神武天皇御陵 | 雪 | 44.9km | 河田～神武天皇御陵 |

| | | | | | | |
|---|---|---|---|---|---|---|
| 29日目 | 2月14日 | 神武天皇御陵 | 奈良 | | | |
| 30日目 | 2月15日 | 奈良 | 道明寺 | 晴 | 30.6km | 神武天皇御陵～道明寺 |
| 31日目 | 2月16日 | 道明寺 | 大坂 | 晴 | 11.7km | 道明寺～堺 |
| 32日目 | 2月17日 | 大坂 | 船中泊 | 晴 | | |
| 33日目 | 2月18日 | 船中泊 | 多度津 | 晴 | 24.3km | 多度津～金毘羅神社<br>金毘羅神社～多度津 |
| 34日目 | 2月19日 | 多度津 | 田ノ口 | 風 | | |
| 35日目 | 2月20日 | 田ノ口 | 岡山市 | 朝雪 | 36.9km | 田ノ口～岡山市 |
| 36日目 | 2月21日 | 岡山市 | 鵤 | 朝雪 | 14.1km | 岡山市～藤井<br>龍野～鵤 |
| 37日目 | 2月22日 | 鵤 | 高砂 | 晴 | 34.9km | 鵤～高砂 |
| 38日目 | 2月23日 | 高砂 | 須磨 | 晴 | 34.6km | 高砂～須磨 |
| 39日目 | 2月24日 | 須磨 | 池田 | 雨天 | 43.5km | 須磨～池田 |
| 40日目 | 2月25日 | 池田 | 淀 | 曇 | 33.5km | 池田～（不明）<br>山崎～男山<br>石清水～淀 |
| 41日目 | 2月26日 | 淀 | 三条大橋 | 晴 | 25.3km | 淀～三条大橋 |
| 42日目 | 2月27日 | 三条大橋 | 大津 | 晴 | | |
| 43日目 | 2月28日 | 大津 | 八幡 | | 35.9km | 大津～八幡 |
| 44日目 | 2月29日 | 八幡 | 玄宮 | 風吹 | 31.6km | 八幡～玄宮 |
| 45日目 | 3月1日 | 玄宮 | そゑ | 朝雪 | 44.7km | 玄宮～彦根<br>垂井～そゑ |
| 46日目 | 3月2日 | そゑ | 津島 | 大雪 | 23.6km | そゑ～岐阜<br>清州～津島 |
| 47日目 | 3月3日 | 津島 | 勝川 | 晴 | 25.3km | 津島～勝川 |
| 48日目 | 3月4日 | 勝川 | 釜戸 | 晴 | 34.9km | 勝川～釜戸 |
| 49日目 | 3月5日 | 釜戸 | 三留野 | 雪 | 51.7km | 釜戸～三留野 |
| 50日目 | 3月6日 | 三留野 | 宮越 | 雪 | 47.2km | 三留野～宮越 |
| 51日目 | 3月7日 | 宮越 | 松本 | 晴 | 27.5km | 宮越～本山 |
| 52日目 | 3月8日 | 松本 | 稲荷山 | 晴 | 46.1km | 松本～稲荷山 |
| 53日目 | 3月9日 | 稲荷山 | 軽井沢 | 晴 | 15.6km | 稲荷山～長野市 |
| 54日目 | 3月10日 | 軽井沢 | 神戸 | 晴 | 13.9km | 大間々～神戸 |
| 55日目 | 3月11日 | 神戸 | 日光町 | 雪 | 53.3km | 神戸～日光町 |
| 56日目 | 3月12日 | 日光町 | 仙台 | 雪 | | |
| 57日目 | 3月13日 | 仙台 | 花巻 | | | |

出典：菅原豊治『伊勢参宮　四国礼拝　西国順礼道中記』1896より作成。

表7－4　近世後期における東北地方からの伊勢参宮の歩行距離

| 表題 | 年代 | 歩行距離（km） | | | |
|---|---|---|---|---|---|
| | | 総距離 | 平均 | 最長 | 最短 |
| 西国道中記 | 1783 | 3018.7 | 30.2 | 58.6 | 7.8 |
| 伊勢参宮道中記 | 1786 | 2173.2 | 29.8 | 63.1 | 3.9 |
| 伊勢参宮所々名所並道法道中記 | 1794 | 2439.2 | 33.4 | 56.7 | 5.8 |
| 道中記 | 1799 | 2285.8 | 34.1 | 53.1 | 7.6 |
| 遠州秋葉・伊勢参宮道中記 | 1805 | 1898.5 | 35.2 | 58.1 | 7.8 |
| 御伊勢参宮道中記 | 1805 | 1837.4 | 35.3 | 60.6 | 11.7 |
| 道中記 | 1814 | 2773.9 | 34.7 | 59.7 | 6.3 |
| 伊勢参宮西国道中記 | 1818 | 3014.3 | 35.9 | 67.9 | 9.7 |
| 伊勢参宮旅日記 | 1823 | 2939.6 | 43.2 | 74.5 | 19.3 |
| 伊勢道中記 | 1826 | 2944.3 | 37.3 | 58.5 | 5.3 |
| （表題不明） | 1830 | 2583.2 | 33.1 | 61.8 | 6.0 |
| （表題不明） | 1831 | 1996.6 | 35.7 | 65.5 | 11.7 |
| 万字覚帳 | 1835 | 2139.9 | 32.9 | 53.6 | 7.8 |
| 道中日記 | 1836 | 2737.4 | 36.0 | 71.9 | 11.2 |
| 伊勢参宮道中日記帳 | 1841 | 2424.1 | 32.8 | 58.9 | 7.8 |
| 西国道中記 | 1841 | 2717.1 | 37.2 | 67.5 | 9.7 |
| 道中記 | 1849 | 2594.4 | 35.1 | 56.7 | 7.8 |
| （表題不明） | 1849 | 2413.7 | 35.0 | 63.1 | 15.5 |
| 道中日記帳 | 1856 | 1661.4 | 33.9 | 54.8 | 2.1 |
| 道中記 | 1857 | 3174.8 | 35.3 | 74.3 | 6.1 |
| 伊勢参宮并熊野三社廻り金毘羅参詣道中道法附 | 1859 | 2861.2 | 34.9 | 70.8 | 9.2 |

出典：谷釜尋徳「近世における東北地方の庶民による伊勢参宮の旅の歩行距離――旅日記（1691～1866年）の分析を通して――」『スポーツ健康科学紀要』12号、2015、pp.32-33より作成。

たものが表7－4です。近世の東北地方の旅人は、長い日には五〇～六〇km、一日平均では約三五kmを歩いていました。

一方、『道中記』の旅は、近世の旅人と比べれば歩行距離は多少減っているものの、明確な違いは見受けられません。豊治たち一〇名の旅人は、鉄道という文明の利器に頼り切っていたわけではなく、近世の旅人に負けず劣らずの健脚の持ち主でした。明治二〇年代末になっても長距離の徒歩移動の慣習は依然として残り、近世的な旅の世界は健在だったのです。

長距離を歩いた豊治たちは、足への気配りも忘れてはいませんでした。和歌山の長浜～三輪崎間は蒸気船の移動でしたが、その理由は尾鷲（三重県尾鷲市）付近の陸路の難所を避けることにありました。当日の記述として、「足痛ノ者ハ必ズ船ニ乗ル方宜シ　陸行ヘ八鬼山越トテ難儀ナリ[17]」とあり、「八鬼山越」という熊野古道の難所[18]を避けるために蒸気船に乗ったことがわかります。ほかにも、この旅の中で最も長い五七・七kmを歩いた日には「モシ足之痛アラハ　和歌山マデ船ニ至のれり[19]」と記し、足が痛む場合には乗船することを推奨しています。奈良界隈を見物予定だった日には、「足痺ニ付ふ参（参らず―引用者注）[20]」とあり、足の痺れが原因で寺社参詣を断念しました。

天候が徒歩移動に影響を及ぼすケースもありました。豊治は勝川（愛知県春日井市）に到着した際に「午后三時半着　雨天ノタメ[21]」と記し、雨天を理由にまだ日の高い一五時三〇分頃に歩みを止めています。**表7－3**の天候の欄（日記に未記入の場合は空欄）を見ると、雨天の記載がある日は歩行距離が延びていない傾向にあります。一方、三月二日のように「大雪」の中で二〇km以上歩いた日もあることから、豊治たちは悪天候に負けじと歩き続けるタフさも持ち合わせていたといえるでしょう。

## 3　道中の楽しみ方　◉見物行動はどのように変わったのか

『道中記』は鉄道を利用した旅の記録ですが、菅原豊治たちは道中を重んじる近世的な旅の楽しみ方を忘れてはいませんでした。表7－5からもわかるように、彼らは行く先々で名立たる寺社や風光明媚な場所、近代的な建築物や施設を熱心に見物しています。

以下では、豊治たちの旅をモデルに、旅人の見物行動が近世と近代でどのように変わったのかを探っていきましょう。

### 寺社参詣・名所見物

『道中記』には、寺社参詣や名所見物の足跡が詳しく記されています。近世以来の日本で醸し出された娯楽としての旅は、各地の寺社や名所を巡って楽しむことがメインでしたが[22]、明治中頃に生きる豊治たちもこの近世的な旅の傾向を踏襲していました。花巻を発った後は、江戸、鎌倉、久能山、伊勢、高野山、奈良、大阪、金毘羅、岡山、京都、善光寺、日光を結ぶエリアの中で多くの寺社や名所を訪れています。また、この旅は西国三十三所順礼も兼ねていました。定められた三三カ所の霊場寺院のうち、二一カ所への参詣を達成しています（表中には「西国○番」と表記）。

表7－5 『道中記』における見物行動

| 日数 | 新暦 | 出立 | 宿泊 | 名所・寺社など | 都市・近代建造物など |
|---|---|---|---|---|---|
| 一日目 | 一月一七日 | 花巻 | 高城 | | |
| 二日目 | 一月一八日 | 高城 | 仙台 | 松島、塩竈神社、など | 仙台鎮台、仙台紡績所、学校、県庁、議事堂、商館、警察署、中学校、など |
| 三日目 | 一月一九日 | 仙台 | 上野 | | |
| 四日目 | 一月二〇日 | 上野 | 馬喰町 | 浅草観音、など | 凌雲閣、など |
| 五日目 | 一月二一日 | 馬喰町 | 馬喰町 | 東京招魂社、神田明神、将門神社、大成殿（湯島聖堂）、湯島天神、不忍池、不忍弁才天、寛永寺、上野東照宮、三囲稲荷、回向院、など | ニコライ堂、高等師範学校、同付属博物館、上野三枚橋、上野動物館、東京教育博物館、吾妻橋、厩橋、両国橋、など |
| 六日目 | 一月二二日 | 馬喰町 | 馬喰町 | | 荒布橋、江戸橋、三菱会社、郵便電信本局、三井銀行、越後屋、日本銀行、五本丸入口、常盤橋外堀、造幣局、大蔵省、会計検査院、内務省、大手御門、憲兵司令部、二ノ堀、控訴院、司法省、大審院、地方裁判所、東京市庁、明治保険会社、和田倉御門、和田倉橋、宮内省、坂下御門、西ノ丸、三ノ堀、二重橋、櫻田御門、陸軍参謀本部、司法省、地方 |

| | | | | | |
|---|---|---|---|---|---|
| | | | | | 裁判所、近衛師団兵司令部、海軍省、外務省、霞ヶ関、露国公使館、貴族院、衆議院、議長宅、山下御門、外堀、鍋島屋敷、芝愛宕、通信省、農商務省、歌舞伎座、鎧橋、水天宮、など |
| 七日目 | 一月二三日 | 馬喰町 | 本所 | 惣五宮、成田不動尊、など | |
| 八日目 | 一月二四日 | 本所 | 横浜 | | |
| 九日目 | 一月二五日 | 横浜 | 江の島 | 円覚寺、鶴岡八幡宮、大仏、長谷観音、江の島弁財天、奥の院、など | 神奈川県庁、地方裁判所、異人家、など |
| 一〇日目 | 一月二六日 | 江の島 | 久能 | 遊行寺、竜泉寺、清見寺、三保の松原、田子の浦、など | |
| 一一日目 | 一月二七日 | 久能 | 豊橋 | 久能山東照宮、など | |
| 一二日目 | 一月二八日 | 豊橋 | 泉館太夫宅 | 伊勢神宮（外宮）、など | |
| 一三日目 | 一月二九日 | 泉館太夫宅 | 泉館太夫宅 | 伊勢神宮（内宮）、など | |
| 一四日目 | 一月三〇日 | 泉館太夫宅 | 二見 | 伊勢神宮（内宮）、朝熊山、など | |
| 一五日目 | 一月三一日 | 二見 | 栃原 | 二見が浦、二見興玉神社、など | |
| 一六日目 | 二月一日 | 栃原 | 長浜 | 境原神社、など | |
| 一七日目 | 二月二日 | 長浜 | 三輪崎 | | |
| 一八日目 | 二月三日 | 三輪崎 | 那智山 | 丹補神社、浜ノ宮王子権現、青岸渡寺（西国一番）、など | |

| 一九日目 | 二月四日 | 那智山 | 湯峰 | | |
|---|---|---|---|---|---|
| 二〇日目 | 二月五日 | 湯峰 | 湯峰 | 熊野神社本宮、など | |
| 二一日目 | 二月六日 | 湯峰 | 田辺 | | |
| 二二日目 | 二月七日 | 田辺 | 原谷 | | |
| 二三日目 | 二月八日 | 原谷 | 和歌山市 | 得生寺、地蔵寺、松岡観音、紀三井寺（西国二番）、など | |
| 二四日目 | 二月九日 | 和歌山市 | 粉川 | 厄除観音、粉川寺（西国三番）、など | |
| 二五日目 | 二月一〇日 | 粉川 | 遍照光院 | 高野山大門、遍照光院、袈裟掛石、押上石、など | |
| 二六日目 | 二月一一日 | 遍照光院 | 遍照光院 | 高野山、など | |
| 二七日目 | 二月一二日 | 遍照光院 | 河田 | | |
| 二八日目 | 二月一三日 | 河田 | 神武天皇御陵 | 吉野大社、大峰山、談山神社、岡寺（西国七番）、橘寺、橿原神社、など | |
| 二九日目 | 二月一四日 | 神武天皇御陵 | 奈良 | 長谷寺（西国八番）、神武天皇御陵、猿沢池、春日大社、三笠山、東大寺、など | |
| 三〇日目 | 二月一五日 | 奈良 | 道明寺 | 法花寺、西大寺、唐招提寺、薬師寺、法隆寺、垂仁天皇御陵、雄略天皇御陵、竜田神社、道明寺、道明寺天満宮、葛井寺（西国五番）、など | |

| | | | | | |
|---|---|---|---|---|---|
| 三一日目 | 二月一六日 | 道明寺 | 大坂 | 大坂天満宮、妙福寺、住吉神社、浪花屋の松、など | 北村商舗、など |
| 三二日目 | 二月一七日 | 大坂 | 船中泊 | 天王寺、旧城鎮台、四ツ橋、鴻ノ池長者、府庁、議事堂、など | |
| 三三日目 | 二月一八日 | 船中泊 | 多度津 | 金毘羅神社、など | |
| 三四日目 | 二月一九日 | 多度津 | 田ノ口 | | |
| 三五日目 | 二月二〇日 | 田ノ口 | 岡山市 | 由加神社、吉備津神社、など | |
| 三六日目 | 二月二一日 | 岡山市 | 鵤 | 斑鳩寺、古城、など | 公園地（岡山後楽園）、公園地内の物産陳列場、会議場、など |
| 三七日目 | 二月二二日 | 鵤 | 高砂 | 書写山円教寺（西国二七番）、曽根天満宮、生石神社の石ノ宝殿、姫路城、など | |
| 三八日目 | 二月二三日 | 高砂 | 須磨 | 高砂神社、相生の松、尾上の松、尾上神社、浜ノ宮天満宮、須磨寺、など | |
| 三九日目 | 二月二四日 | 須磨 | 池田 | 能福寺、平清盛の墓、兵庫大仏、湊川神社、楠木正成の墓、蛭子神社、中山寺（西国二四番）、など | |
| 四〇日目 | 二月二五日 | 池田 | 淀 | 龍安寺弁才天、如意輪観音堂、勝尾寺（西国二三番）、総持寺（西国二二番）、石清水八幡宮、箕面の瀧、千手観音、十一面観音、など | |

| 四一日目 | 二月二六日 | 淀 | 三条大橋 | 大善寺、宇治萬福寺、上醍醐（西国一一番）、伏見六地蔵、三条大橋、など | |
|---|---|---|---|---|---|
| 四二日目 | 二月二七日 | 三条大橋 | 大津 | 平安神宮、聖護院、金戒光明寺、知恩院、南禅寺、粟田御殿、八坂神社、法観寺、清水寺（西国一六番）、六波羅蜜寺（西国一七番）、蓮華王院三十三間堂、広方寺、大仏、豊国神社、東本願寺、西本願寺、六角堂頂法寺（西国一八番）、東寺、如意輪観音、北野天満宮、革堂行願寺（西国一九番）、今熊野観音寺（西国一五番）、鎧掛松、扇松、左甚五郎の忘れ傘、五重塔（八坂の塔）、千手観音、音羽滝、十一面観音堂八間、耳塚、御所、など | 博覧会場、など |
| 四三日目 | 二月二八日 | 大津 | 八幡 | 三井寺（西国一四番）、如意輪観音、石山寺（西国一三番）、如意輪観音、竹生島宝厳寺（西国三〇番）、近江八景「石山の秋月」、など | |
| 四四日目 | 二月二九日 | 八幡 | 玄宮 | 長命寺（西国三一番）、浄楽寺、観音寺、薬師堂、千手観音堂、など | |
| 四五日目 | 三月一日 | 玄宮 | そゑ | 華厳寺（西国三三番）、など | |

| | | | | | |
|---|---|---|---|---|---|
| 四六日目 | 三月二日 | そゑ | 津島 | 津島神社、など | |
| 四七日目 | 三月三日 | 津島 | 勝川 | 甚目寺、名古屋城、など | |
| 四八日目 | 三月四日 | 勝川 | 釜戸 | | |
| 四九日目 | 三月五日 | 釜戸 | 三留野 | | |
| 五〇日目 | 三月六日 | 三留野 | 宮越 | 浦島太郎の古跡、など | |
| 五一日目 | 三月七日 | 宮越 | 松本 | | |
| 五二日目 | 三月八日 | 松本 | 稲荷山 | | |
| 五三日目 | 三月九日 | 稲荷山 | 軽井沢 | 善光寺、など | |
| 五四日目 | 三月一〇日 | 軽井沢 | 神戸 | | |
| 五五日目 | 三月一一日 | 神戸 | 日光町 | | 足尾銅山、など |
| 五六日目 | 三月一二日 | 日光町 | 仙台 | 日光東照宮、など | 宇都宮市内見物、など |
| 五七日目 | 三月一三日 | 仙台 | 花巻 | | |

出典：菅原豊治『伊勢参宮　四国礼拝　西国順礼道中記』一八九六より作成。

豊治の文章には、寺社や名所旧跡に対する評価も含まれています。例えば、成田山新勝寺では「境内ノ美ナルハ筆舌尽難シ[23]」、興津付近では「三保ノ松原　田子ノ浦ニテ眺望景色宜シキ所ナリ[24]」、「竜源寺有　前ト同シク風雅宜シ必ス参ベシ　古今無双ノ景地ナリ[25]」、久能山では「普請結構　広大美簾ナルハ筆紙ニ尽難シ[26]」、吉野大社では「此春之桜町ナラバ随分宜シカルベシ　一面ニ桜木ナリ[27]」といった書きぶりです。

豊治たちは、寺社参詣や名所見物の際に、手荷物を一時的に預けるサービスも利用しています。奈良界隈にて「猿沢池側かまや喜八ニ荷物ヲ置　弁当を貰ヒ　名所古跡参詣[28]」、石山寺付近にて「コノ所　宿屋ニ荷物を置　参詣すべし[29]」と記されているように、宿屋に手荷物を預けて身軽になってから見物に出掛けました。手荷物の一時預かりサービスは近代になって登場したものではなく、近世の街道ですでに見られた業態です[30]。

このような寺社や名所を巡るスタイルの旅の楽しみ方は、近世から近代への連続性を示しています。柳田は、近世の巡礼の意義を道中に求めたうえで、「この行楽の興味は忘れがたかったものと見えて、明治に入っても巡礼は決して衰微していない[31]。」と指摘しました。巡礼という旅のスタイルは近代になって鉄道が普及してからも衰えず、近世的な旅のスタイルが引き継がれたのです。

## 都市部での見物行動の特徴

『道中記』の旅では、由緒正しい寺社や風光明媚な名所を見物していますが、それに加えて、都市部では近代的な建築物や施設を熱心に見物した様子がうかがえます。

最初に訪れた都市は仙台です。仙台では、仙台鎮台、仙台紡績所、学校、県庁、議事堂、商館、警察署、中学校などを見物しました。

東京では、湯島天神や回向院をはじめとする近世以来の寺社に参りながら、浅草凌雲閣、ニコライ堂、東京高等師範学校、上野動物園、東京教育博物館、三菱会社、郵便電信本局、三井銀行、越後屋、日本銀行、造幣局、大蔵省、会計検査院、内務省、憲兵司令部、控訴院、司法省、大審院、地方裁判所、東京市庁、明治保険会社、宮内省、陸軍参謀本部、司法省、地方裁判所、海軍省、外務省、霞ヶ関、露国公使館、貴族院、衆議院、議長宅、鍋島屋敷、通信省、農商務省など、近代になって登場した建築物や施設、省庁、大会社を巡る内容となっています。もちろん、近世までの江戸見物には見られなかった内容です。

横浜では、「当市見物　神奈川県庁　地方裁判所　異人家　町家並奇麗ナリ　海岸ニ桟橋ヲ架シ荷物運搬便利也　能々尋ネ見物スヘシ[32]」との感想が記され、やはり近代的な事物に惹かれていたことが見て取れます。旅の終盤、日光東照宮への参詣前に付近の足尾銅山を訪れているのも、同様の傾向でしょう。

### 日清戦争の影響

鉄道の延伸が日清戦争とも関わっていたことは先に述べましたが、日清戦争終結の翌年に行なわれた『道中記』の旅では、戦争の影響が随所に見られます。日清戦争の「戦利品」は、日本国内の寺社や学校、陳列場等に配布されましたが[33]、豊治たちは行く先々でその戦利品と遭遇することになります。

浅草凌雲閣では、「堂内の廻リ登レバ　日清戦争ノ絵画ノ大月鏡ナド有」[34]と記され、日清戦争関連の絵画を観覧しました。また、上野動物園では、「日清戦争ノ際　旅順口ニテ生捕シ駱駝四頭」[35]と書き残されていますが、事実、この前年の明治二八（一八九五）年、日清戦争において旅順口で捕獲されたフタコブラクダが同園に展示されています。明治三〇（一八九七）年には、日清戦争の「戦利品動物特別展示場」が開設され、上野動物園は国家主義イデオロギーを浸透させる役割も果たすことになりました[36]。鎌倉の鶴丘八幡宮では「日清戦争ノ際分捕品沢山アリ」[37]と記され、岡山の吉備津神社付近では戦勝記念品として砲弾の存在を確認しています[38]。

この時代の旅の見物行動には、泰平の世の中とは異なり、対外戦争を経験した時代ならではの世相を反映したテイストが織り込まれていました。

## 4　近世と近代の過渡期の旅　◉何が変わり、何が残ったのか

本章では、明治二九（一八九六）年に花巻から伊勢参宮をした菅原豊治たち一〇名の旅を通して、近世と近代の過渡期の旅の事情を見てきました。近世の旅と比較して最も大きな違いは、やはり交通手段の発達でしょう。鉄道の登場と普及は日本人に時間意識の近代化を迫り、従来の旅のスタイルに

も大きな変革をもたらしました。人が歩く速度で旅が進行していた時代とは異なり、圧倒的なスピードで目的地間を結ぶ汽車に乗ることで、旅人は時間と引き換えに行く先々の「道中」を手放したことは間違いありません。しかし、この時代の旅は、まだ近世的な旅の伝統が息づいていました。豊治たちは、鉄道が敷設されていない区間では近世人並みの健脚ぶりを見せ、寺社、名所、都市などを熱心に見物しています。

明治二二（一八八九）年に東海道線が全線開通した時点でいえば、当時の汽車は新橋～神戸間を二〇時間余りで移動し、値段は下等料金で三円七六銭だったそうです[39]。一方、近世の旅では、仮に江戸～神戸間（東海道経由）を毎日三五km[40]ずつ歩いて移動した場合、一六日間ほどを要する計算になります。また、近世の旅は一日に概ね四〇〇文の費用がかかったため（第5章を参照）、一六日間の道中なら約六四〇〇文の旅費が想定されます。これは円に換算すると、六円余りの値段です。目的地へ早く到達することだけを考えれば、旅費は約半分、日数でみるとスピードは約一六倍、そして体力面でも容易いという「合理的」な旅行の時代が訪れたといえそうです。

しかし、『道中記』を事例に考えるなら、明治二〇年代末の人々は旅の世界に合理性ばかりを求めたわけではなく、道中の異文化に触れて存分に遊ぼうとする近世的な旅の楽しみ方を選択していたように思えてなりません[41]。この時代になっても、伊勢参宮をはじめとする長距離の国内旅行は、滅多にない旅の機会に道中の異文化に触れて見聞を広めるという役割を担っていたのではないでしょうか。

〈注記および引用・参考文献〉

（1）明治一四（一八八一）年に北多摩郡喜多見村（東京都世田谷区）の小泉角兵衛が伊勢参宮をした際に『道中万覚帳』という旅日記を書き残しています（小泉角兵衛「道中万覚帳」（一八八一）『伊勢道中記史料』世田谷区教育委員会、一九八四、七四―八八頁）。角兵衛は東海道で頻繁に人力車を利用していました。この旅では在地の喜多見村から伊勢までの移動に一三日間を費やしていますが、一日の行程の中で人力車利用の記載がある日は六日間を数えます。人力車を利用している日の移動距離の平均値は約三九・四㎞、人力車を利用せずに徒歩のみで移動した日の平均値は約三六・六㎞です。このことから、人力車の利用は道中の移動距離に大した影響をおよぼさなかったことがわかります。当時の街道筋で走っていた人力車は、まだ徒歩に比べて顕著な速度差を生み出すような構造にはなっていなかったと考えなければなりません。ただし、人力車研究の第一人者である齊藤俊彦は、明治初期の人力車の普及にともない東海道における一日の移動距離が徒歩と比べて二倍に拡大したと指摘しているので（齊藤俊彦『轍の文化史――人力車から自動車への道――』ダイヤモンド社、一九九二、六九頁）、この問題についてはより多くの旅の記録をつき合せて検討する必要があるでしょう。

（2）山本光正「東海道の旅から旅行へ」『東海道中近代膝栗毛――歩く旅と鉄道の旅――』品川区立品川歴史館、二〇〇〇、六五頁／山本光正『江戸見物と東京観光』臨川書店、二〇〇五、一四七頁／山本光正「旅から旅行へ――近世・近代の旅行史とその課題――」『交通史研究』六〇号、二〇〇六、一一頁／山本光正「江戸の旅から鉄道旅行へ」『第六六回歴博フォーラム　旅　江戸の旅から鉄道旅行へ』国立歴史民俗博物館、二〇〇八、三頁／鈴木勇一郎『おみやげと鉄道』講談社、二〇一三、三〇頁

（3）菅原豊治『伊勢参宮　四国礼拝　西国順礼道中記』一八九六

（4）山本光正「東海道の旅から旅行へ」『東海道中近代膝栗毛』品川区立品川歴史館、二〇〇〇、六五頁

（5）新城常三『庶民と旅の歴史』日本放送出版協会、一九七一、一四五―一五〇頁

（6）鈴木勇一郎『おみやげと鉄道』講談社、二〇一三、四八―四九頁

（7）宇田正『鉄道日本文化史考』思文閣出版、二〇〇七、九頁
（8）安ヶ平（某）「道中記」（一八一四）『二戸史料叢書　第六集』二戸教育委員会、二〇〇三、一〇三―一二九頁
（9）ほかにも、鉄道によって道中の移動速度が飛躍的に変化した事例を紹介します。華族女学校の学生だった奈良原時子が明治二二（一八八九）年に著した『鎌倉日記』には、東京～鎌倉間の移動の模様が記録されています（奈良原時子「鎌倉日記」（一八八九）『鎌倉市史近世近代紀行地誌編』吉川弘文館、一九八五、四五〇頁）。時子の見聞によると、午前八時に新橋の停車場を出発して午前一一時二〇分頃には鎌倉に到着したそうです。一方、文化六（一八〇九）年に同じく江戸～鎌倉間を歩いて旅した江戸商人の記録をみると、江戸を出発して鎌倉に到着したのは二日目のことでした（扇雀亭陶枝「鎌倉日記」（一八〇九）『鎌倉市史近世近代紀行地誌編』吉川弘文館、一九八五、二七九―二九二頁）。蒸気機関車というスピードマシンの登場が道中の移動時間を著しく短縮させ、一日の移動距離を拡大させたことを示す事例です。
（10）菅原豊治、前掲書、七丁
（11）菅原豊治、前掲書、二三丁
（12）喜多村信節「嬉遊笑覧」（一八三〇）『嬉遊笑覧（三）』岩波書店、二〇〇四、三八一頁
（13）柳田國男は、近世の旅（巡礼）の特徴を次のように表現しています。「巡礼は日本では面白い形に発達している。（中略）参拝の大きな意義はむしろ道途にあった。ついでに京見物大和廻り、思い切って琴平宮島も掛けて来たという類の旅行も、信心として許されたのであった。」（柳田國男『明治大正期世相篇　新装版』講談社、一九九三、二一〇頁）
（14）山本光正『江戸見物と東京観光』臨川書店、二〇〇五、一四七―一四八頁
（15）菅原豊治、前掲書、七丁
（16）菅原豊治、前掲書、七丁
（17）菅原豊治、前掲書、一二丁

(18) 八鬼山以外にも、菅原豊治は徒歩区間の「難所」について記録しています。和歌山県熊野古道の大雲取という難所では「此山ヲ大クモ通リト云ヒ　険ソウノ峠也」「上下大難所ナリ」（菅原豊治、前掲書、一三～一四丁）と記し、近隣の小雲取では「小雲通リ也　是レモ甚ダ難所也」（菅原豊治、前掲書、一四丁）と書いています。奈良県多武峰の談山神社付近では「鎌足公ノ御廟ナリ　官幣社也　十三階堂有　随分山坂ニテ難渋ナリ」（菅原豊治、前掲書、二一丁）といった記述も見られます。
(19) 菅原豊治、前掲書、一五丁
(20) 菅原豊治、前掲書、二二丁
(21) 菅原豊治、前掲書、三九丁
(22) 新城常三『庶民と旅の歴史』日本放送出版協会、一九七一、七二頁
(23) 菅原豊治、前掲書、五丁
(24) 菅原豊治、前掲書、七丁
(25) 菅原豊治、前掲書、七丁
(26) 菅原豊治、前掲書、七丁
(27) 菅原豊治、前掲書、二〇丁
(28) 菅原豊治、前掲書、二三丁
(29) 菅原豊治、前掲書、三六丁
(30) 桜井邦夫「近世の道中日記にみる手荷物の一時預けと運搬」『大田区立郷土博物館紀要』九号、一九九九、七五―一二六頁／谷釜尋徳「近世後期の庶民の旅にみる歩行の実際」『スポーツ史研究』二〇号、二〇〇七、一一―二二頁
(31) 柳田國男『明治大正期世相篇　新装版』講談社、一九九三、二一〇―二一一頁
(32) 菅原豊治、前掲書、五～六丁

(33) 籠谷次郎「日清戦争の『戦利品』と学校・社寺」『社会科学』五六号、一九九六、一―四五頁
(34) 菅原豊治、前掲書、二丁
(35) 菅原豊治、前掲書、三丁
(36) 若生謙二「近代日本における動物園の発展過程に関する研究」『造園雑誌』四六巻一号、一九八二、四頁
(37) 菅原豊治、前掲書、六丁
(38) 菅原豊治、前掲書、二八丁
(39) 澤壽次・瀬沼茂樹『旅行百年』日本交通公社、一九六八、一〇八―一〇九頁
(40) 第1章で見たように、近世後期の東北地方の庶民男性は、一日平均で三五km程度(約三四・八km)の距離を歩いていました。
(41) ただし、中西の研究では、一八九〇年代の事例として、汽車に乗って移動時間を短縮し、その分目的地での滞在時間を確保しようとした旅日記も紹介されているので(中西聡『旅文化と物流』日本経済評論社、二〇一六、七五―一三二頁)、この点は一考を要する課題でしょう。

# あとがき

本書では、近世後期の日本人の旅を主に「歩く」という視点から眺め返してきました。現代人の感覚では気の遠くなるような距離を、一般庶民の老若男女が毎日のように歩き続けたという事実は、忘れ去られた日本人の姿を教えてくれます。現在、ウォーキングを好む日本人が多いのも、近世に育まれた旅行文化の伝統とも無関係ではないのかもしれません。

これだけの歩行能力を持った近世の旅人は、現代人から見れば紛れもなく「アスリート」です。しかし、当時の旅人が出発前に長距離歩行のためのトレーニングをしていた形跡は、不思議なことにいくら探しても出てきません。徒歩で移動することが当たり前だった時代には、日常生活そのものがトレーニングの代わりを果たしていたのでしょうか。

近世後期の旅人に共通しているのは、異文化に触れて見聞を広めようとするメンタリティでした。自らが暮らす文化圏を飛び越えて、異なる世界との交流を積極的に求めるということは、実に近代的な営みです。陸路では物や情報の移動速度が人の歩くスピードとほぼイコールだった時代、旅人が歩いた分だけ全国各地を結び合うネットワークが形成されていきました。近世社会にあって、活発な異文化交流を実現していた庶民の長距離徒歩旅行は、近代を先取りするような注目すべき現象だったといえるでしょう。

最後になりますが、本書の出版のチャンスを与えてくださいました、晃洋書房の吉永恵利加さんに感謝の意を表します。

二〇二〇年二月

谷釜尋徳

《著者紹介》

谷釜尋徳（たにがま　ひろのり）

東洋大学法学部教授
日本体育大学大学院　博士後期課程修了
博士（体育科学）
専門はスポーツ史。
著書に、『オリンピック・パラリンピックを哲学する』（編著）、『籠球五輪』（共編著）、『バスケットボール競技史研究概論』（共著）、『バスケットボール学入門』（共著）、『知るスポーツ事始め』（共著）など。

歩く江戸の旅人たち
——スポーツ史から見た「お伊勢参り」——

2020年 3 月30日　初版第 1 刷発行　　＊定価はカバーに表示してあります

著　者　谷　釜　尋　徳©
発行者　植　田　　　実
印刷者　藤　森　英　夫

発行所　株式会社　晃　洋　書　房
〒615-0026 京都市右京区西院北矢掛町 7 番地
電話　075(312)0788番(代)
振替口座　01040-6-32280

装丁　尾崎閑也　　印刷・製本　亜細亜印刷㈱

ISBN978-4-7710-3294-1